JILPT 第 4 期プロジェクト研究シリーズ *No.5*

日本社会の変容と若者のキャリア形成

堀有喜衣・岩脇千裕・小杉礼子・久保京子・小黒恵・柳煌碩

独立行政法人 労働政策研究・研修機構

第4期プロジェクト研究シリーズの刊行にあたって

　本「プロジェクト研究シリーズ」は、JILPT の第4期中期目標期間（2017 年度～2021 年度）の5年間で進めてきたプロジェクト研究の中から、特に関心が高く重要と思われるテーマを取り上げ、多くの方々により読みやすい形で成果を提供するために取りまとめたものである。

　JILPT は労働に関する政策研究機関として「働く人の幸せ」と「経済の発展」に寄与するという観点から、労働政策の企画立案に貢献するため、さまざまな構造変化の影響に関する実態把握、労働政策の課題についての調査・研究を継続して行っている。その中心として行っているのがプロジェクト研究であり、経年変化の動向や国際比較も交えつつ、客観的なデータやエビデンスを提供するため、具体的な労働政策の課題に対し中長期的な視点から学術的、学際的な分析を進めている。

　プロジェクト研究の成果は、労働政策研究報告書や調査シリーズ、研究双書等として刊行するとともに、研究成果の報告会や労働政策フォーラムを開催し、広く普及に努めている。

　少子高齢化による人口減少社会の進行、グローバル化の進展、第4次産業革命下におけるビックデータ・AI などの技術革新、働き方や就業意識の多様化によって、我が国の労働市場を取り巻く環境は大きく変化している。また、労働政策がカバーする範囲も拡がっており、今般の新型コロナウイルス感染拡大のように喫緊の課題に対して柔軟かつ的確に対応する必要も生じている。

　変化を続ける経済社会の実態を把握するための調査やヒアリングにご協力いただいたすべての皆様にあらためて心から御礼申し上げたい。

　本シリーズが政策担当者をはじめ、企業や労働組合の関係者、そして多くの一般読者などに活用され、今後の労働政策・労働問題を考えるための参考になれば幸いである。

　2022 年 12 月

独立行政法人　労働政策研究・研修機構

理事長　樋　口　美　雄

は　し　が　き

　いつの時代も若者は社会の希望である。日本社会において、高度成長期以降90年代前半までは、若者が労働市場に円滑に移行し、社会の一員として生きていくことはそれほど難しいことではなかった。若年失業率が低い国として、日本の学校から職業への移行は国際的にも高く評価されていた。

　しかし長きにわたった就職氷河期は、円滑な移行が当然だとする日本社会の常識を大きく変えた。現在では就職氷河期世代は壮年に達しているが、上の世代とは同じような人生を歩むことは困難となっている。本来であれば日本社会の中核となるべき年齢の人々がいまもなお取り残されているのである。

　本プロジェクト研究シリーズは、当機構が長年蓄積してきた若者に関する研究成果の蓄積をふまえ、第4期の成果を整理した文献である。若者をとりまく環境や若者自身の実態を把握するとともに、中年期を迎えている就職氷河期世代の現状や、包括的な若者政策を展開させつつある韓国についての分析も加えた。

　景気拡大期と重なった第4期プロジェクトであったが、かつてのような若者の雇用問題がなかった時代に戻ることはなく、より問題は複雑化した。若者が安定して働き続けることの難しさを改めて感じざるを得ない5年間でもあった。

　本書の作成にあたり、様々な方にご協力を頂いた。ご協力下さった皆様に心よりお礼を申し上げたい。本書が、これまで調査研究にご協力下さった方々、また若者支援に携わっている方々やご関心をお持ちの方々のお役に立てれば幸いである。

2022年12月
執筆者を代表して
労働政策研究・研修機構　旧人材育成部門（現　多様な人材部門）堀有喜衣

≪目　次≫

日本社会の変容と若者のスキル形成

堀　有喜衣

第1節　はじめに

本書は、第4期（2017年度から2021年度）のプロジェクト研究「若者の職業への円滑な移行とキャリア形成に関する研究」に基づき、近年の日本社会の変容、とりわけ産業構造の変化が若者のキャリア形成にどのような影響を与えたのかという観点から検討することを目的とする。

「若者の職業への円滑な移行とキャリア形成に関する研究」プロジェクト（以下、本プロジェクトと呼ぶ）においては、「学校から職業への接続のあり方に関する研究」および「若者の雇用の質とキャリア形成のあり方に関する研究」という2つのサブテーマから構成されている。本書は、本プロジェクトにおいて発表した成果に基づき、新しい分析を加えてより充実させ、2つのサブテーマを統合した研究成果である。

これまでの日本社会においては、若者は職業スキルを持たないまま新規学卒一括採用によって安定した労働市場に参入し、企業の中でスキル形成を行っていくものと考えられてきた。例えば資本主義の多様化論（VOC論）から生まれたスキル形成レジーム論によれば、日本のスキル形成は、学校ベースでの教育訓練は弱く、ほとんどの訓練が企業レベルで行われるという特徴を持っているとされる（アベ・アイヴァーセン・ソスキス 2007）。この日本的なキャリアとスキル形成については今日においても大きな変化はないものと考えられるが、そのありようは一様ではない。

周知のように、同じ若者であっても性別や雇用形態によってスキル形成機会には差がある。労働政策研究・研修機構がこのプロジェクト期に実施した「第5回　若者のワークスタイル調査」（労働政策研究・研修機構2022）によれば、仕事における「強み」の獲得経路が「職場」という割合は高学歴で

高収入ほど高く、同じ大学・大学院卒でも男性で高くなっており、企業内での職業訓練は男性の高学歴者に多く配分されてきた。また正規雇用の方が非正規雇用よりも職業訓練の機会に恵まれていることは言うまでもない。

この基本的構図は今日も変わっていないものの、変化の兆しも見られる。

第一に、産業構造の変化がある。先進諸国で進む脱工業化であるが、日本では製造業が一定の位置を占めており、若者の安定した移行先となってきた。しかし脱工業化は日本でも進みつつあり、キャリア形成にも一定の影響をもたらしている。正社員としてのキャリア形成はもちろん、不安定な就業形態であるフリーターも影響を受ける。さらに脱工業化の影響は大都市において大きいため、地域によってキャリア形成の相違がより生じていることも想像できる。これまで新規学卒一括採用や長期雇用などを特徴とする日本的雇用慣行のもとでは、産業構造の変化に対し、主に新規学卒者が新しい産業に就職していくことによって対応がなされてきたが、近年の若者のキャリアにはどのような影響を与えているのだろうか。

第二に、高等教育進学率の上昇と大学の資格志向により、高等教育で職業資格を得て労働市場に入る若者が増加している。スキルを得る職業教育機関として専門高校（以前の職業高校）や専門学校は一定の位置づけを得てきたが、近年は大学でも看護系や薬学等を中心に学ぶ内容と職業が結びつきやすい専攻が増加している。

また学んだ内容と就職先との関連が薄いとされる人文・社会科学系においても、就職先の職種は変化している。専門的・技術的職業従事者の割合が増加し、事務従事者の割合が低下しているのである（堀 2021）。

第三に、学校から職業への移行を枠づける、新規大卒者の就職活動時期に関するルールとインターンシップについての変更である。大学生の就職活動時期に関するルールについては、1997年に就職協定が廃止されて以来、その時々の景気状況に左右されてきたが、この度日本経団連が申し合わせから撤退し、政府の呼びかけのみとなるという変更が行われた。求人倍率の上昇とあいまって、一部の企業における就職活動の早期化、教育目的に限られていたインターンシップを採用に活用する等、従来の新卒一括採用の枠組みを揺らがせるような変更が行われている。

図表序-1　人文社会科学系新規大卒者の就職先推移
（職業別：ブルーカラー職種除く）

		専門的・技術的職業従事者	管理的職業従事者	事務従事者	販売従事者	サービス職業従事者
就職者全体	1999	32.0%	0.3%	36.8%	22.3%	4.1%
	2009	34.4%	0.4%	33.0%	21.9%	4.7%
	2019	38.6%	0.6%	26.8%	23.9%	5.4%
人文科学系	1999	9.9%	0.3%	55.2%	24.7%	6.0%
	2009	12.9%	0.4%	46.5%	27.7%	7.6%
	2019	16.7%	0.9%	37.7%	31.0%	9.2%
社会科学系	1999	8.1%	0.4%	49.8%	32.9%	3.8%
	2009	12.6%	0.4%	45.5%	29.7%	4.7%
	2019	12.8%	0.9%	40.4%	34.0%	5.6%

資料出所：堀（2021）

　特に1997年以来インターンシップを規定してきた三省合意を変更し、広報活動開始前に実施した場合でも、一定の基準を満たしたインターンシップであれば、そこで企業が得た学生情報を、広報活動・採用選考活動の開始時期以降にそれぞれ活用できるとして、公的にインターンシップを採用選考活動との結びつきを認めた点は注目される（文部科学省・厚生労働省・経済産業省2022）。

　景気の底であった2000年頃には採用直結型インターンシップが大企業でも見られたが、その後定着はしなかった。今回は人手不足の中であるので、インターンシップはスクリーニングの手段というよりは積極的な採用という意味合いが強く、実際に日本経団連でも力を入れているのは理系の院卒である。当面、新規学卒一括採用はこのまま継続し続けるであろうが、周辺で生じているゆらぎをどう受け止めたらよいのだろう。例えばもし新規学卒一括採用が現在のように大半の大学生に適用されることがなくなり、エリート選抜になったらどうなるのだろうか。

　このような問題意識を持ちながら、本書においては、最初にマクロ的な観点から若者の人材配分の変化を整理し、早期離職者・フリーター・地域移動者にフォーカスする。以上を踏まえて、かつて移行の困難に直面した就職氷河期世代の現状について確認し、移行が長期化した他国の事例として韓国の

若者政策動向を把握する。

第2節　本プロジェクト期の若年者雇用とプロジェクトの成果

本プロジェクト期の若者の雇用の状況について簡単に把握しておく。

本プロジェクト期についてはコロナに見舞われたものの、学校から職業への移行は比較的スムーズに進んだ。文部科学省『学校基本調査』によれば、令和2年3月大卒者の74.2％が就職し、厚生労働省「高校・中学新卒者のハローワーク求人に係る求人・求職・就職内定状況」によれば、令和4年3月卒の高卒者の就職内定率は99.2％に達し、求人倍率は2.89倍であった。

また厚生労働省によれば若者の早期離職についても例年に比べて低く、平成30年3月の新規学卒就職者の就職後3年以内の離職率は新規高卒就職者36.9％、新規大卒就職者31.2％であった。フリーターもピークには200万人を超えていたが、現在では137万人にまで減少している。他方で若年無業者数は、コロナの影響を受けて2020年には15-24歳層においてのみ、一斉休校のために通学などができなかったために一時的に増加したが、2021年にはほぼ元に戻った。

以上から全体として若年者の雇用は改善してきたと見ることができるが、労働政策研究・研修機構（2022）によれば、フリーターから正社員になろうとする割合は経年的に低下している。また地域若者サポートステーションへのインタビューによれば、働くことに切迫感がなく、「欲がない」若者像が浮かび上がっている（若者自立支援中央センター2022）。また就職氷河期世代の無業者は高止まりしており、不本意非正規も50万人程度に達している。

さらに若者の意識の変化も着目される。労働政策研究・研修機構（2022）によれば、「できれば仕事はしたくない」という割合がこの20年間で最も高くなっていた。また正社員定着者と正社員転職者を比較すると、正社員転職者の方が仕事や職場に対するモチベーションが高くなるという逆転現象が起きていた。コロナによる一時的な変化であるのか、あるいは今後も継続するのかについては今後の結果を見なければ分からないが、若年正社員の意識にも変化が生じている。

　不景気の時とは異なり、正社員になりたいがなれない若者を支援するというシンプルな構図は崩れており、より課題が多様化・複雑化していると言えよう。

　こうした多様化・複雑化する問題に対して、本プロジェクトでは多彩なアプローチを行った。主な成果は以下の通りである。

　「学校から職業への接続のあり方に関する研究」においては、『大都市の若者の就業行動と意識の分化―「第4回　若者のワークスタイル調査」から―』（2017年）、『「日本的高卒就職システム」の現在―1997年・2007年・2017年の事例調査から―』（2018年）、『若年者の就業状況・キャリア・職業能力開発の現状③―平成29年版「就業構造基本調査」より―』（2019年）、『変化するフリーターの意識と実態―新型コロナ感染症拡大の影響を視野に入れたインタビュー調査から―』（2021年）、『大都市の若者の就業行動と意識の変容―「第5回　若者のワークスタイル調査」から―』（2022年）をとりまとめた。

　「若者の雇用の質とキャリア形成のあり方に関する研究」については、『若年者の離職状況と離職後のキャリア形成Ⅱ（第2回若年者の能力開発と職場への定着に関する調査）』（2019年）、『若年者の離職状況と離職後のキャリア形成Ⅱ（第2回若年者の能力開発と職場への定着に関する調査）』（2020年）、『若年者のキャリアと企業による雇用管理の現状「平成30年若年者雇用実態調査」より』（2021年）、『非典型的キャリアをたどる若者の困難と支援に関する研究』（2022年）、をとりまとめた。

　本書は以上の内容を総合的に検討し、新しい分析を加えて整理したものである。

第3節　本書の構成と各章の概要

　本書の各章の概要については、以下の通りである。

第1章　脱工業化社会と新規学卒者のキャリア

　第1章は、新規学卒時の職業への移行に着目し、Espin-Andersen等を参

考に日本の産業を「従来型ものづくり」「従来型サービス（小売・運輸等）」「ビジネスサービス（金融保険・情報サービス等）」「社会サービス（教育・医療・福祉等）」「消費者サービス（宿泊・飲食等）」という5類型に分類し、若者の配分や雇用の質について検討した。2007年から2017年にかけて若者の配分の増減率を見ると、従来型ものづくりでは横ばい、従来型サービス・消費者サービスでは縮小、社会サービス・ビジネスサービスでは拡大した。

　男女別に見ると、男性は従来型ものづくり、女性は社会サービスの割合が近年特に高くなっており、学歴別には高学歴者が、訓練可能性を指標とした要求度も高く能力開発の機会も豊富であるビジネスサービスに多く入職している。社会サービスは長時間労働だが、女性にとっては比較的高所得を得ることができる。ただし産業間で性別職域分離が進むことは望ましくなく、また現在の消費者サービスは若い非正規雇用者に依存しており、正社員であっても能力開発の機会に乏しいため、消費者サービスについては是正を求めるとともに、男女ともに働き続けることができるような社会へ発展することが望ましい。

第2章　若年労働者の離職研究の現在
―JILPT 労働政策研究報告書 No.214 を中心に―

　第2章は、早期離職について第4期プロジェクト研究の成果を中心に整理した。

　高卒者が一つの会社に長期間働くことを希望している者が多いにもかかわらず離職する理由として、まだ若く人生経験が乏しいため、社会的なネットワークの確保や長期的な視点での転職が難しいという理由が見いだされた。大卒者は、新卒ではなく既卒者として就職した者の職場において給与待遇や訓練体制に問題があり、離職する傾向が高まっていた。専門学校や短大卒者については、専門学校卒者についてはキャリアアップのための離職は確認できなかったが、短大卒女性については、専門家志向のキャリア観を持つことが離職確率を高めており、専門家としてのキャリアを形成するためならば転職も辞さないという考えを持っている可能性があった。

　よって早期離職については、長期勤続を希望する者のために企業による長期的訓練等を推進するための事業主支援を強化するとともに、キャリアアップや就労条件の改善を目的に転職を希望する者を支援するという両面から行うことが肝要である。

第３章　好景気下におけるフリーター像の変化とスキル形成

　第３章は、景気の好転、高学歴化、高等教育の多様化などの要因に加え、産業構造の変化、正社員／非正社員という働き方やキャリアをめぐる若者の意識の変容といった社会的変化を背景に、「学校から仕事への移行の失敗」と捉えられてきたフリーターの変容を扱っている。自分探しや正社員になれないという従来のフリーター像に加え、ビジネスサービス産業を目指す「ステップアップ型」に代表されるような高学歴で豊かな層と、メンタルや病気等を理由として非正規にとどまる層が前景化しつつある。こうした新しいフリーター像へのアップデートと、引き続き支援が必要な層が存在するという認識を併せ持ちながら、景気状況を勘案しつつ若者のリアリティを捉え直すことが求められている。

第４章　東京に出た若者たち

　第４章は、キャリア形成の一つである地域移動という観点から、大学・大学院卒者に限って、地方圏から東京に出た若者たちの働き方や意識の特徴について明らかにしようとした。社人研の「人口移動調査」の二次分析によれば、東京圏と地方圏の間の地域移動割合は世代が若くなるほど減少し、若者の地元定着は新しい世代でより顕著になった。さらに「若者のワークスタイル調査」から、現在東京都に住んでいる若者たちについて意識や行動を見てみると、地方から東京に出た若者は男女とも東京圏出身者よりもアスピレーションや専門職割合、収入も高い。東京は今でも若者にスキルを高めて、ライフチャンスを与える役割を担っており、特にビジネスサービス産業は東京都に集中している。地域移動が減少してゆく今日においては、東京都でしか得られないチャンスを地方圏の若者にも共有してもらうような取り組みが必要だと考えられる。

第5章 「就職氷河期世代」の実像

　第5章は、新卒一括採用からはじかれ、スキル形成の機会を得られなかったかつての若者である就職氷河期世代の実像についての論考である。就職氷河期世代は初めて労働市場に出るときに正社員採用が大きく絞られ困難に直面したわけだが、求人倍率だけでなく人口の多さも移行を困難化した。今日の問題は現在の就業状況というよりは、これまでのキャリア形成の厳しさを反映した収入や職業能力開発にある。「就業構造基本調査」の二次分析によれば、氷河期世代においては新卒で正社員に定着した割合が少なく、特に99〜04年卒の氷河期後期において低くなっており、他方で「他形態から正社員」（現職は正社員だが、初職は正社員以外）の割合も高い。キャリアが不安定であるため、現在の平均年収には新卒正社員と比べて同じ正社員であっても100万円以上の差がある。人口も多いため、収入が低いキャリアの人々が多いということは世代のみならず国全体の賃金の低さにも結びついているだけでなく、現在も職業能力開発機会に恵まれていない。ただしニートについては氷河期世代特有の問題とは言えず、恒常的な支援に結びつけることも重要である。

第6章 韓国における若者政策の展開

　第6章は、韓国の若者政策を若年者雇用という観点から整理した。1980年代の経済成長を受けて韓国の大企業では公開採用方式が本格化し、大量の定期採用や汎用的な人材像を前提に、卒業と同時というタイミングとは限らないものの、日本の新卒一括採用に似た慣行が広がった。しかしこの網型採用と呼ばれた慣行は、1990年代半ばのIMF危機以降に採用が急激に縮小に転じたため、「スペック」と呼ばれる学校歴・GPA・TOEICが主な先行指標とした少数精鋭の選抜（釣り型採用）となっていった。2000年代以降は先ほどの3つの指標に、ボランティア経験・インターンシップ経験・受賞経歴が加えられ、面接回数も増えて、訓練可能性ではなく専門性を問う採用慣行になり、採用されるまでに長い時間がかかるようになったのである。当初政府は失業問題として対処しようとしたがうまくいかず、近年では包括的な支援へと変わっており、現金給付など新しい試みもなされ現在も進行中であ

る。

第4節　本書の要約とインプリケーション

　各章の知見は前節にまとめたが、本節では政策に関わるいくつかの示唆について述べる。

　第一に、社会サービスのような医療介護に入職する若者の増加など、高等教育の資格志向化については、将来的に需要のあり方が変化することをふまえ、現在の資格のあり方について検討することも必要である。例えば資格間で共通カリキュラムを持つなどして転職を容易にする、あるいは大学の単位・職業訓練の互換性を高める、実務経験を評価するなどの長期的な見直しが考えられる。いずれは諸外国で見られるような職業教育・訓練に関する包括的な資格枠組みに発展していくことが望まれる。

　第二に、雇用形態にかかわらず「学び直し」機会の提供は重要であるが、再び大学や大学院にフルタイムで入り直すことの負担は大きい。マイクロクレデンシャル[1]に見られるような、小さな単位での積み上げ型の学び直しが今後広がる可能性がある。

　第三に、若者の地域移動の減少によるスキル形成機会の不均等が特に社会サービスの領域で生じている可能性がある。大都市にしかない機会を補うような「場」を地方の若者に提供していくことも重要である。

　第四に、韓国の事例に見られるように、新卒一括採用が小さくなっていった場合、若者の移行は長期化し、長期化した移行を支えられない家庭において貧困が広がる可能性がある。政策的には新卒採用に対する関与は今後も重要であるとともに、もし移行が長期化した場合の包括的な支援が欠かせない。

1　「ナノ学位」、「マイクロマスター・クレデンシャル」、「サーティフィケート」、「バッジ」、「ライセンス」、「エンドースメント」など、さまざまな形態のクレデンシャルを包含する用語。その名が示すように、マイクロクレデンシャルは、従来の学位などよりもはるかに小さな学習モジュールに焦点を当てているため、学習者は短期間で必要な学修を完了することができる（米澤 2020）。

近年においては好景気が継続し若者の移行は改善したとみられているが、今後若者が稀少化する中では支援の質的な向上が肝要である。若者支援のいっそうの洗練が求められる。

＜参考文献＞

アベ・アイヴァーセン・ソスキス，2007，「社会保護と技能形成」ホール・ソスキス編『資本主義の多様性－比較優位の制度的基礎』遠山弘徳・安孫子誠男・山田鋭夫・宇仁宏幸・藤田菜々子訳，ナカニシヤ出版.

堀有喜衣，2021，「新型コロナウイルス感染症以降の新規大卒採用・就職」『高等教育研究』第24集.

文部科学省・厚生労働省・経済産業省、2022，「インターンシップを始めとする学生のキャリア形成支援に係る取組の推進に当たっての基本的考え方」.

労働政策研究・研修機構，2022，『大都市の若者の就業行動と意識の変容―「第5回　若者のワークスタイル調査」から―』労働政策研究報告書No.213.

若者自立支援中央センター、2022，『地域若者サポートステーション事業専門委員会報告書』.

米澤彰純，2020，「質保証の国際的通用性についての問題提起多様なステークホルダーとの双方向型エンゲージメントに着目して」R2.11.25. 中央教育審議会大学分科会質保証システム部会（第5回）資料3.
https://www.mext.go.jp/content/20201125-mxt_koutou01-1422495_04.pdf（2020年8月29日最終アクセス）

脱工業化社会と新規学卒者のキャリア

岩脇　千裕

第1節　はじめに

1 問題と背景

　本章では、新規学卒者の中でどのような特徴を持つ若者が脱工業化社会で拡大したサービス産業へ輩出されているのか、また、そこでの雇用の質は若者のキャリア形成にどのような影響を及ぼしうるのかを明らかにし、変化する労働市場の中で若者に対する支援のあり方をどう方向付けていくべきか考えたい。

　Bell（1973＝1975）は、21世紀の先進諸国では経済活動の中心が機械による物質的財の大規模生産から人間の知識や情報の交流による付加価値の生産へと移行し、高度な知識・技術をもつテクノクラートが合理的かつ計画的に社会を構築すると予言し、この段階に達した社会を「脱工業化社会」と呼んだ。Bellの時代から半世紀が過ぎ、先進諸国では実際に経済活動の中心が製造業からサービス産業へと移りつつある。しかし、知識や技術に基づく秩序だった社会の到来は確認できない。代わりに進行しつつあるのが「労働の二極化」による社会的格差の拡大である（Autor, Levy and Murnane 2003、池永・神林 2010）。技術による労働の代替が主に中間的技能水準の定型的な職業（生産工程や事務など）で進んだ結果、一方では知識を駆使し少人数で高い付加価値を生み出す知識集約的な職業が、もう一方では人間の要望に対して臨機応変にサービスを提供する労働集約的な職業が拡大した。後者の労働集約的なサービスの仕事は必要とされる技能水準や労働生産性が低いため、賃金や雇用の安定性、教育訓練機会などの「雇用の質」に恵まれにくい。しかし、少子高齢化や女性の労働力化が既定路線となった今日、かつて家族の中で主に女性が担ってきた再生産労働（家事、育児、介護など）を職

業として外部化し誰かにその役割を担ってもらわなければ、私たちの社会は既に機能することができない。

　こうした脱工業化社会の負の側面と福祉国家の変容様式とを関連付け整理したのが Esping-Andersen（1993, 1999=2000）である。彼は、標準化された大量生産・大量消費の循環に社会全体が動員される「フォーディズム」が支配する社会で発展した製造業、流通業、経済的インフラ産業を「従来型産業」へ、脱工業化に伴い成長した様々な産業を「脱工業化サービス産業」に分類した。さらに後者を、従来型産業がその柔軟性を向上させるべく企業外からの高度専門技術・知識の導入を増大させた結果成長した「ビジネスサービス（経営コンサルタント、システム設計、法務・会計、金融など）」、女性の職業への進出や核家族化を背景に家庭内のケアに関わる再生産活動が外部化・賃労働化された「社会サービス（教育・医療・社会福祉など）」、同じく女性の職業への進出や家庭の稼得力の上昇に伴い家庭内の余暇に関わる再生産活動が市場で商品化された「消費者サービス（家事代行・飲食・娯楽など）」へと再分類した。そして 1980 年代以降の先進諸国では脱工業化サービス産業の拡大に伴い「労働市場の二重化」が進行しており、福祉国家は「底辺の労働市場」で働かざるを得ないサービスプロレタリアートの増大か、社会福祉に頼らざるを得ないアウトサイダーの増大か、いずれかを選択せねばならない状況にあると指摘した。

　このジレンマを解消する手立てとして Esping-Andersen（1999=2000, pp.254-255）は、「すべての人にいまここでの平等を約束する」ことは不可能だが「一時的な貧困は、それがわれわれのライフ・チャンスに影響をあたえなければ、さして問題とはならないのである」から、「ある種の移動保証」を用意することで、各人のライフコース全体を比較した場合の平等を目指すことができると主張した。そして、若者、移民、非熟練労働者、職場に再復帰しようとする女性といった競争力の弱い人々が「底辺の労働市場」の職業に「一時的に」就くことは、安定的で質の良い雇用への階梯として機能する点で社会的意義があり、重要なのは「底辺の労働市場」に長期間留まることがないよう、子ども・若者を中心に誰もが職業訓練にアクセスできるようにすることと、ライフ・チャンスにとって最大のリスクである育児や介護等の

ケア労働のコストを家庭から社会へと移行させることであると提言した。

　彼の提言は、流動的な職業別労働市場が存在する欧州社会では意義深いものである。そうした社会では、優良な雇用機会は職務遂行に必要な知識や技能を予め備えている者にのみ開かれる。本章では新規学卒者の職業への移行を題材とするが、欧州社会の学校を出たばかりの若者は技能水準の低い職業からキャリアを開始し、一時的な仕事を転々としながら経験を積み、徐々に条件のよい雇用へ移行していくのが一般的である。したがって、若者を「底辺の労働市場」から「優良な労働市場」へと移動させる最も有効な方法は、知識や技術を身につけさせるとともに、就業継続を妨げるライフイベントのリスク（＝結婚や出産に伴うケア労働）を軽減することに他ならない。

　しかし、産業化が遅れたわが国では流動性の高い職業別労働市場は広く一般には発達しなかった。そのため、多くの企業は新しい職務や欠員が発生した場合、要件を満たす者を外部労働市場から新たに調達するより、新規学卒一括採用と「正社員」の長期雇用により労働力を安定確保した上で企業内訓練と配置転換で対応する方が合理的であった（田中 1980）。職務を円滑に変更するには個々の労働者と職務との関係は曖昧である方が望ましく、正社員の雇用契約において職務内容や労働時間、勤務地などの詳細な雇用条件が明確に定められることは少ない。新規学卒者は新しい職務への適応性が高い柔軟な人材として重宝され、採用選考時には職務遂行に必要な具体的な知識や技能ではなくそれらを習得する土台となる訓練可能性が重視される（濱口 2011，2013）。若者にとっては、安定的な雇用の機会は最終学歴修了時に集中する一方、中途採用の機会は少なく即戦力たりうる職務遂行能力が問われるため、学卒時に無業や非正規雇用者となった場合や、新卒時に正規雇用されても十分な経験を得る前に早期離職すると、新たに安定した雇用を得ることは困難になる。求職者向けの公的職業訓練の普及が急がれてはいるが、新卒採用中心の雇用管理が続く限り、訓練によって能力を高めても、それを生かす場所を見つけることは難しい。

　すなわち、わが国の若者にとって「底辺の労働市場」に置かれることは、欧州社会の若者以上に長期的リスクとなる可能性が高いのだ。脱工業化により拡大したサービス産業の中には「雇用の質」に問題のある産業が存在す

る。雇用形態を問わず劣悪な就労環境に置かれることは、能力開発の遅れに加え、貧困や心身の不調を招き、若者の長期的な職業人生に大きな損害をもたらすだろう。

　以上の問題意識に基づき本章では、わが国の若者にとって最も重要な社会的地位の配分機会である新規学卒時の職業への移行に着目し、脱工業化により発展した産業へ偏って輩出されているのは誰なのか、そこでの雇用の質は他と比べてどのような点で問題があるのか明らかにしたい。

2　分析方法と本章の構成

　本章では、Espin-Andersen（1993, 1999=2000）と、彼の議論を下敷きにわが国の脱工業化による雇用の質の低下を検証した長松（2016）の研究を参考に産業を以下の通り分類する[1]。

　はじめに、わが国では製造業の役割が未だ大きい点を考慮し、従来型産業のうち鉱業、採石業、砂利採取業、建設業、製造業を「従来型ものづくり」へ、電気・ガス・熱供給・水道業、運輸業、郵便業、卸売業，小売業、通信業・放送業、郵便局、協同組合（他に分類されないもの）、廃棄物処理業、自動車整備業、機械等修理業（別掲を除く）を「従来型サービス」に再分類した。

　次に、脱工業化サービス産業の3類型を以下の通り作成した。「ビジネスサービス」には金融業、保険業、不動産業，物品賃貸業、学術研究・専門・技術サービス業、情報サービス業、インターネット附随サービス業、映像・音声・文字情報制作業、職業紹介・労働者派遣業、その他の事業サービス業を、「社会サービス」には教育・学習支援業、医療・福祉を、「消費者サービス」には宿泊業、飲食サービス業、生活関連サービス業、娯楽業を含めた。

1　就業構造基本調査では、産業は日本標準産業分類（平成19年調査では平成14年3月改定、平成29年調査では平成25年10月改定）に基づき，就業構造基本調査に適合するよう集約・編集したものが用いられている。若年者雇用実態調査では、平成25年調査では平成19年11月改定版、平成30年調査では平成25年10月改定版に基づく16大産業が調査対象とされている。就業構造基本調査より調査対象とする産業の範囲が狭く、農林漁業、生活関連サービス業のうち家事サービス業、サービス業（他に分類されない者）のうち外国公務が除かれている。これらの産業のうち農林漁業と外国公務は就業構造基本調査の分析においては「その他の産業」へ分類した。

　なお、農林業、漁業、政治・経済・文化団体、宗教、その他のサービス業、外国公務、公務（他に分類されるものを除く）、分類不能の産業は「その他の産業」とし、統計的に意味があるか検定を行う際には分析対象から除外した。

　作成した産業類型を用いて、本章では 2 段階の分析を行う。第 2 節と第 3 節では、主に総務省統計局「就業構造基本調査」の平成 19 年（2007 年）と平成 29 年（2017 年）の公開データを集計する。第 2 節では、わが国における脱工業化の進行状況を明らかにし、各産業類型における若者の位置づけを確認する。第 3 節では、新規学卒者に該当する年齢層の若者のうちどのような特徴をもつ者が脱工業化サービス産業に雇用される傾向があるのか検討する。

　第 4 節と第 5 節では、厚生労働省「若年者雇用実態調査」の平成 25 年（2013 年）と平成 30 年（2018 年）の個票データを二次分析し、脱工業化サービス産業と従来型産業の雇用の質を比較する。第 4 節では事業所を分析対象とし、新卒採用した若年正社員に対する育成方針と雇用の安定性を産業類型間で比較する。第 5 節では、新卒採用された若年正社員の労働時間の長さと給与額を勤務先事業所の産業類型間で比較する。

　最後の第 6 節では、本章の分析結果の全体をふりかえり、わが国における若者のキャリア形成支援の今後のあり方について考察を行う。

第 2 節　わが国における脱工業化の進行状況と若者の位置づけ

1　脱工業化サービス産業の労働生産性

　はじめに、わが国においても脱工業化の進行により拡大した 3 種類のサービス産業には、本章の冒頭で説明したような特徴があるのか確かめよう。図表 1-1 は 2017 年度の国内総生産（名目）の産業構成、図表 1-2 は同年の就業人口の産業構成である。両統計は産業分類基準が異なるので、概ね同じと見なすことができる産業に限り比較検討を行う。

　図表 1-1 に示された GDP 構成比より図表 1-2 に示された就業者構成比の方が大幅に小さい産業は、比較的少ない就業者で一定の価値を生み出すこと

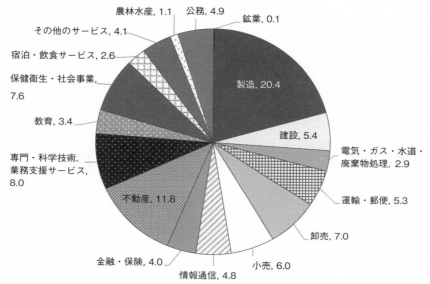

図表 1-1 経済活動別国内総生産（GDP）構成比（名目）

単位：%

出所：「国民経済計算（GDP統計）」2017年度

　ができている産業である。該当する産業のうち製造業は従来型ものづくり、不動産と金融・保険、情報通信、学術研究・専門・技術サービス（専門・科学技術、業務支援サービス）はビジネスサービスに分類される。

　これとは対照的に、GDP構成比より就業者構成比が大幅に大きい産業は、一定の価値を生み出すために比較的多くの就業者が必要な産業といえる。該当する産業のうち、医療・福祉（保健衛生・社会事業）や教育・学習支援（教育）は社会サービスに、宿泊・飲食サービスは消費者サービスに分類される。

　このようにわが国でも、脱工業化に伴い発展したサービス産業のうち、ビジネスサービスは少ない労働力で高付加価値を生み出し、社会サービスと消費者サービスは投入した労働力に対して生み出す価値が少ないことがわかる。

図表 1-2　産業別就業者構成比

単位：%

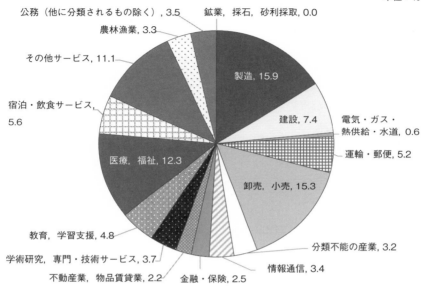

出所：「就業構造基本調査」2017 年

　後者のサービス産業で労働生産性が低くなる理由は以下の 3 点である。第
一に、対人サービスの仕事は必要とされる技能水準が低いものが多く、参入
が容易なため賃金が低下しやすい。第二に、対人サービス産業の顧客は個人
（家計）であり、その支出可能額には限界があるため価格を上げることが難
しい。第三に、教育や医療・福祉・介護などの社会的再生産に関わるサービ
ス産業は政府の支出に依存しており、緊縮経済下では賃金の上昇が難しい。
長松（2016）は、これらの要因により職業構造の二極化、労働集約的サービ
ス産業における非正規雇用の増大と正規雇用者の長時間労働化が進むと想定
し、「就業構造基本調査」を用いてサービス産業における 1987 年と 2012 年
の雇用状況を比較した。その結果、わが国では他の先進諸国に比べて製造業
の雇用者数が比較的多く維持されている一方で、脱工業化サービス産業の中
でも特に社会サービスが拡大していることが明らかにされた。雇用の質につ

いては、消費者サービスでは非正規雇用比率が非常に高く，低い労働生産性を補う役割を負わされた正規雇用者が長時間労働になる傾向がみられた。社会サービスでは女性の増加がみられるが、仕事の技能水準は高く正規雇用者の長時間労働者比率は小さい。しかし一方で有期雇用が拡大しており，男性では従来型産業就業者との格差が大きい。これらの分析結果から、今後わが国でさらに脱工業化が進行した場合に、不安定な雇用状況に置かれる人が増大する可能性があるという。

2 脱工業化の進行状況

　このような変化が起きている労働市場の中で、若者はどのような産業類型へと雇用されるようになったのだろうか。「就業構造基本調査」を集計し、産業類型ごとの雇用者（在学者を除く。以下同様）数の推移をみていこう。わが国の雇用者数は 2007 年から 2017 年の間に 5,491 万人から 5,717 万人へと 4.1％増大し、雇用者に占める非正規雇用者の比率（以下「非正規率」）も 33.6％から 36.3％へと拡大した。この間の雇用者数の増大は主に非正規雇用者の増大によるものである[2]。一方、新規学卒者を多く含む 15～24 歳では、雇用者数は若年人口の減少により 437 万人から 360 万人へと急減し、非正規率も 33.2％から 26.0％へ大幅に縮小した。若者の希少性が増した結果、将来の中核労働者候補を確保すべく企業が若者を積極的に正規雇用するようになったと推察できる[3]。

　ただし、その積極性には温度差がある。図表 1-3 へ 2007 年と 2017 年の各産業類型の非正規率を年齢層別に示した。消費者サービスは 15～59 歳の非正規率が他の産業類型より大幅に高い。また、他の産業類型では 15～59 歳の非正規率はこの 10 年で横ばいまたは若干低下したが、唯一、消費者サービスのみ 25～34 歳の非正規率が 4.6％ポイント上昇した。若年人口が急速に

---

[2]　正規雇用者数は 3,382 万人から 3,431 万人へ 1.4％増大し、非正規雇用者数は 1,713 万人から 1,952 万人へ 13.9％増大した。

[3]　若年正社員に対する不足感は他の統計資料からも推察できる。厚生労働省「新規学卒者（中学・高校）の職業紹介状況」によると、公共職業安定所に出された新規高卒者を対象とする求人の充足率（各年 7 月末の状況）は 2007 年の 54.4％から 2009 年の世界金融危機の発生により急上昇したが、2011 年の 77.2％をピークに低下に転じ、2017 年には 44.7％になった。

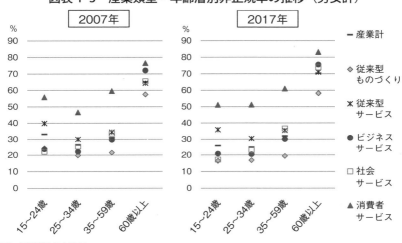

図表 1-3　産業類型・年齢層別非正規率の推移（男女計）

出所：「就業構造基本調査」

減少していく中でも、消費者サービスは未だに若い非正規雇用者に依存した雇用管理の構造を変えられていない状況がうかがわれる。

　以上をふまえて、近年どの産業類型が拡大／縮小傾向にあるのかみていこう。図表 1-4 へ、年齢層計と 15〜24 歳について 2007 年と 2017 年の雇用者数（第 1 軸）を産業類型ごとに集計し棒グラフに表した。また、各産業類型の増減率[4]（第 2 軸）をマーカーで、産業計の増減率を実線で示した。少子化により 15〜24 歳の人口はこの 10 年間に大幅に減少したため、雇用者数を 2 時点で比較すると全ての産業類型で減少している。問題はどの程度減少したかである。増減率が産業計（-17.6％）より高い（＝黒い実線より上方にマーカーが示されている）場合、その産業類型は若年労働者の就職先として「拡大」傾向にあるといえる。年齢層計と 15〜24 歳に共通する傾向は、2 時点ともに 2 種の従来型産業が雇用者数全体の約半分を占め[5]、次いで多いのは社会サービスであること、増減率は社会サービスとビジネスサービスが産業計

4　増減率＝（2017 年の雇用者数 − 2007 年の雇用者数）÷ 2007 年の雇用者数。2007 年より 2017 年の雇用者数が多い場合にプラス（■）、少ない場合にマイナス（●）となる。

5　年齢層計：2007 年 53.2％、2017 年 48.2％、15〜24 歳：2007 年 49.4％、2017 年 45.4％。

図表 1-4　産業類型別雇用者数の推移と増減率（年齢層別）

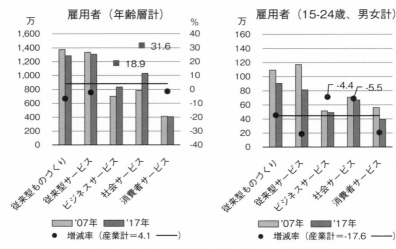

雇用者（年齢層計）

雇用者（15-24歳、男女計）

出所：「就業構造基本調査」

図表 1-5　産業類型別正規雇用者数の推移と増減率（性、年齢層別）

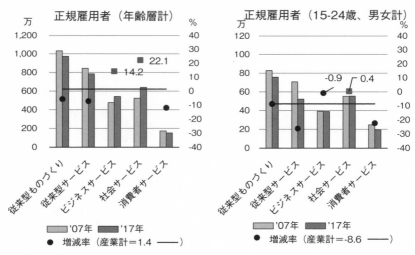

正規雇用者（年齢層計）

正規雇用者（15-24歳、男女計）

出所：「就業構造基本調査」

より大幅に高いことである。従来型サービスと消費者サービスは年齢層計も15〜24 歳も産業計より増減率が低いが、産業計との差は 15〜24 歳でより大きい。

　次に、正規雇用者に限定して同様の分析を行った。厚生労働省「労働経済動向調査」より各年 11 月の正社員に対する過不足感の推移をみると、2009年までは大半の産業で過剰となっていたが、2010 年は「その他サービス」以外の全ての産業において、2011 年から 2021 年まではすべての産業において不足感が続いている。したがってある産業類型において 2007 年と比べて2017 年の正規雇用者数が減少したという分析結果が得られた場合、「その産業類型における労働力需要が減退した」と解釈するより、「その産業類型が人材獲得競争において他の産業類型の後塵を拝した」と解釈するべきだろう。

　以上を踏まえて、図表 1-5 をみていこう。15〜24 歳の各産業類型の増減率を産業計（-8.6%）と比べると、従来型サービス（-26.2%）と消費者サービス（-22.3%）は大幅に低く、ビジネスサービス（-0.9%）と社会サービス（0.4%）は大幅に高い。これらの産業類型間の違いは概ね年齢層計でもみられるが従来型サービスと産業計との差は 15〜24 歳でより大きい。

　以上より、雇用者全体でもみても正規雇用者に限定しても、新規学卒者（に該当する年齢層の若者）の輩出傾向は、2007 年から 2017 年にかけて、従来型ものづくりでは横ばい、従来型サービス・消費者サービスでは縮小、社会サービス・ビジネスサービスでは拡大したといえる。

3　産業類型別の雇用者の年齢構成

　各産業類型には若者に対するどの程度の需要があるのだろうか。前項では新規学卒者の動向を捉えるため 15〜24 歳の雇用者数に着目したが、本項では各産業類型が、広く若年期（15〜34 歳）の労働者を壮年期（35〜59 歳）や高齢期（60 歳以上）と比べてどの程度必要としているのかに注目したい。

　図表 1-6 へ産業類型ごとに正規雇用者の年齢構成を示した。15〜34 歳の比率（横軸丸括弧内の％）を産業計（2007 年 36.0％、2017 年 31.1％）と比較すると、2 時点とも従来型産業ではより低く、脱工業化サービス産業では

より高い。特に消費者サービスは突出して高い（2007年45.7％、2017年37.8％）。一方で、2017年の15〜34歳の比率を2007年と比べると、若年人口の減少により全ての産業類型で大幅に低下したが、その低下幅は消費者サービス（7.9％ポイント）で最も大きく、社会サービス（3.6％ポイント）で最も小さい。

同様のグラフを非正規雇用者について作成した（図表1-7）。各産業類型における15〜34歳の比率を産業計（2007年28.0％、2017年18.4％）と比べると、2時点とも消費者サービス、従来型サービスはより高く、従来型ものづくり、社会サービス、ビジネスサービスはより低い。2017年の15〜34歳の比率を2007年と比べるといずれの産業類型も大幅に低下しているが、そ

図表 1-6　産業類型別正規雇用者の年齢構成（男女計）

単位：％

2007年

産業類型（人数・比率）	15〜24歳	25〜34歳	35〜59歳	60歳以上
産業計(3,382万人 36.0%)	8.6	27.4	58.5	5.5
従来型ものづくり(1,033万人 33.6%)	8.0	25.6	60.7	5.7
従来型サービス(845万人 35.0%)	8.4	26.6	59.5	5.5
ビジネスサービス(475万人 40.3%)	8.3	32.0	54.7	5.0
社会サービス(524万人 38.9%)	10.5	28.4	56.8	4.3
消費者サービス(173万人 45.7%)	14.3	31.4	47.1	7.2

2017年

産業類型（人数・比率）	15〜24歳	25〜34歳	35〜59歳	60歳以上
産業計(3,431万人 31.1%)	7.8	23.3	61.7	7.3
従来型ものづくり(973万人 28.3%)	7.8	20.5	63.9	7.8
従来型サービス(785万人 27.9%)	6.6	21.3	64.7	7.4
ビジネスサービス(542万人 34.0%)	7.2	26.8	59.9	6.2
社会サービス(640万人 35.3%)	8.7	26.7	58.5	6.2
消費者サービス(153万人 37.8%)	12.7	25.2	53.2	9.0

□ 15〜24歳　■ 25〜34歳　□ 35〜59歳　■ 60歳以上

※丸括弧内の％は、正規雇用者に占める15〜34歳の比率
出所：「就業構造基本調査」

22

の低下幅は、最大の従来型サービスで9.6％ポイント、最小のビジネスサービスで8.0％ポイントと正規雇用者の場合と比べて産業類型間の差が小さい。

　以上より、わが国における脱工業化の進行状況と各産業類型における若者の位置づけをまとめる。わが国では現在も雇用者の「数」は従来型産業が約半数を占める。しかし増減率をみると、年齢層全体でも15〜24歳の若年層でも、雇用者全体でも正規雇用者に限定しても、脱工業化サービス産業のうちビジネスサービスと社会サービスが拡大傾向にある。これら2つの産業類型は正規雇用者の年齢構成が若い一方で非正規雇用者は壮年期・高齢期の比率が高いことから、若者に中核的な役割を期待する傾向がうかがわれる。

　一方、同じ脱工業化サービス産業の中でも消費者サービスは、雇用形態に

図表 1-7　産業類型別非正規雇用者の年齢構成（男女計）

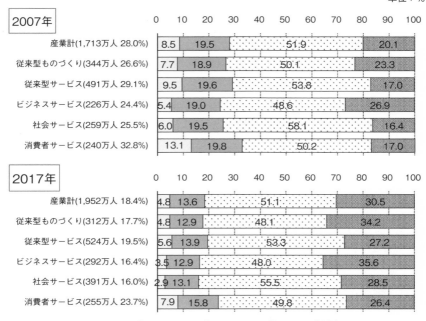

単位：％

2007年	15〜24歳	25〜34歳	35〜59歳	60歳以上
産業計(1,713万人 28.0%)	8.5	19.5	51.9	20.1
従来型ものづくり(344万人 26.6%)	7.7	18.9	50.1	23.3
従来型サービス(491万人 29.1%)	9.5	19.6	53.8	17.0
ビジネスサービス(226万人 24.4%)	5.4	19.0	48.6	26.9
社会サービス(259万人 25.5%)	6.0	19.5	58.1	16.4
消費者サービス(240万人 32.8%)	13.1	19.8	50.2	17.0

2017年	15〜24歳	25〜34歳	35〜59歳	60歳以上
産業計(1,952万人 18.4%)	4.8	13.6	51.1	30.5
従来型ものづくり(312万人 17.7%)	4.8	12.9	48.1	34.2
従来型サービス(524万人 19.5%)	5.6	13.9	53.3	27.2
ビジネスサービス(292万人 16.4%)	3.5	12.9	48.0	35.6
社会サービス(391万人 16.0%)	2.9	13.1	55.5	28.5
消費者サービス(255万人 23.7%)	7.9	15.8	49.8	26.4

□15〜24歳　■25〜34歳　□35〜59歳　▨60歳以上

※丸括弧内の％は、非正規雇用者に占める 15〜34 歳の比率
出所：「就業構造基本調査」

かかわらずどの産業よりも若者を必要とするにもかかわらず、若者の減少が激しい。消費者サービスでは、若年人口が減少したことに加えて、好景気を背景に産業界全体が若者の正規雇用に積極的になった結果、正規雇用・非正規雇用の両方において若者の獲得が困難になっているといえよう。

第3節　若者の属性によって異なる各産業類型への輩出傾向

1　性別によって異なる各産業類型への輩出傾向

本節では、新規学卒者の性別や学歴によって各産業類型に輩出される傾向がどのように異なるのかを検討する。はじめに、性別による偏りとその変化を検討するため、図表1-8へ15～24歳の産業類型別正規雇用者数と2007年に対する2017年の増減率を性別に示した。

男性の正規雇用者数は2時点とも従来型ものづくりが突出し、全体の約4割（2007年40.9％、2017年41.3％）を占める。増減率を産業計（-8.5％）

図表1-8　産業類型別15～24歳の正規雇用者数の推移と増減率（性別）

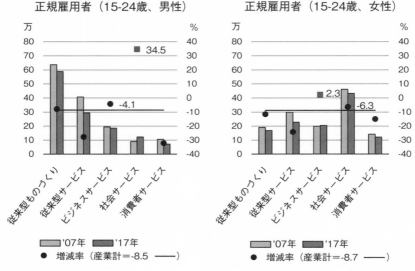

出所：「就業構造基本調査」

と比べると、従来型ものづくりは同程度、従来型サービスと消費者サービス
は大幅に低く、ビジネスサービスと社会サービスは高い。中でも社会サービ
スは34.5％増と著しく拡大した。女性の正規雇用者数は 2 時点とも社会サー
ビスが突出し、全体の 3 割強（2007 年 33.9％、2017 年 34.8％）を占める。
増減率を産業計（-8.7％）と比べると、従来型サービスは大幅に低いが消費
者サービスはやや低い程度である。社会サービスとビジネスサービスは産業
計より増減率が高い。特にビジネスサービスは 2.3％増と産業計より 11.0％
ポイントも高い。

　以上より、正規雇用者の「数」については、男性は従来型ものづくり、女
性は社会サービスに多くの若者が輩出されており増減率も産業計をやや上回
る。これら 2 つは安定的に若者が正規雇用され続けている産業類型といえ
る。一方、従来型サービスは男女とも 2 番目に多くの若者が輩出される類型
だが、この 10 年間に著しい減少がみられ、若者たちは他の産業類型に移行
するようになった。その移行先として、男性では社会サービス、女性ではビ
ジネスサービスが特に拡大傾向にある。どちらも正規雇用者の「数」でみる
とまだそれぞれの性の若者たちの間で少数派の就職先ではあるが、増減率で
みると近年の増大が突出している。また、消費者サービスの縮小傾向が男性
でより著しいことと、男性の方が産業類型間の増減率の差が激しいことを考
えあわせると、後半に好況期が続いた 2007 年から 2017 年の 10 年間に、雇
用の質を期待しにくい産業類型からより幸先のよさそうな産業へと、若者が
選好する就職先の移行が、労働市場で比較的有利な立場にある男性において
より円滑に進んだと推察される。

2 学歴によって異なる各産業類型への輩出傾向

　次に、学歴によって各産業類型に輩出される傾向はどう異なるのか検討す
る。大学院卒は修了年齢が幅広く、分析対象者の年齢を 15～24 歳とすると
大学院新規学卒者全体の傾向を捉えることはできない、したがって本節では
大学卒以下の学歴について検討する。図表 1-9 へ 2007 年と 2017 年の 15～
24 歳の正規雇用者数と増減率を性・学歴別に示した。若年人口の減少によ
り多くの学歴で若年正規雇用者数は減少したが大学卒では増大しており、そ

図表 1-9　15〜24 歳正規雇用者数と増減率（性、学歴別）

	男性			女性		
	'07 年	'17 年	増減率	'07 年	'17 年	増減率
学歴計	155.8 万人→	142.6 万人	▲ 8.5 %	136.0 万人→	124.2 万人	▲ 8.7 %
中学卒	9.4 万人→	5.5 万人	▲ 41.8 %	2.1 万人→	1.1 万人	▲ 49.3 %
高校卒	74.9 万人→	67.5 万人	▲ 9.9 %	40.2 万人→	34.7 万人	▲ 13.5 %
専門学校卒	27.4 万人→	20.4 万人	▲ 25.5 %	33.0 万人→	26.3 万人	▲ 20.5 %
高専・短大卒	5.2 万人→	4.8 万人	▲ 8.4 %	25.9 万人→	16.2 万人	▲ 37.6 %
大学卒	36.6 万人→	43.0 万人	17.2 %	34.5 万人→	45.2 万人	30.9 %

出所：「就業構造基本調査」

の増大は特に女性で著しい。一方で、男女の中学卒、専門学校卒、女性の高校卒と高専・短大卒では若年正規雇用者数が大幅に減少した。本項では図表1-9 に示した各年・性・学歴の若年正規雇用者数を 100％とした場合の産業類型の構成比を検討するが、2 時点を比較する際には、この 10 年間に大学進学者が増大したことで、従来は高校卒、専門学校卒、高専・短大卒として就職した層の一部が 2017 年には大学卒として産業界へ輩出された点に注意が必要である。

　図表 1-10 へ、15〜24 歳の若年正規雇用者が勤務する産業類型の分布を性・学歴別に示した。男性の傾向を大まかにみると、中学卒と高校卒、高専・短大卒は従来型産業、専門学校卒と大学卒は脱工業化サービス産業に偏っている。脱工業化サービス産業のうち、雇用の質が危惧される消費者サービスの比率が突出して高いのは専門学校卒である。男性において近年拡大が著しい社会サービスの比率も専門学校卒が最も高く、2 時点間での増大幅も 4.8％ポイントと学歴比で最大である。社会サービスの拡大は高専・短大卒、大学卒でもみられる。同じく若年正規雇用者の就業先として成長傾向にあるビジネスサービスの比率は、他の学歴を圧倒して大学卒で最も高く、2007 年は 27.0％、2017 年は 26.4％と 2 時点でほぼ変わらない。

　女性の傾向を大まかにみると、中学卒と高校卒は従来型産業が約 5 割を占め、専門学校卒と高専・短大卒（大半は短大卒）、大学卒は脱工業化サービス産業が 7〜8 割を占める。ただし中学卒は従来型産業の比率が 2017 年には

図表 1-10　15〜24 歳正規雇用者の産業類型構成（性、学歴別）

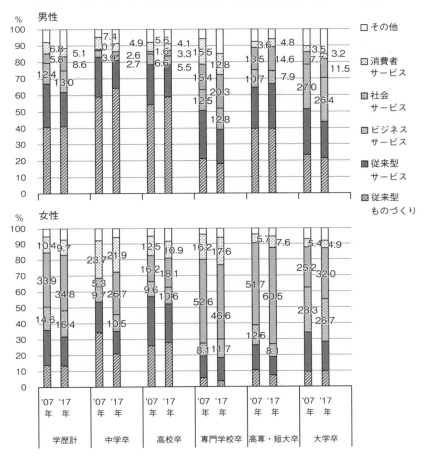

出所：「就業構造基本調査」

35.2％にまで低下し、代わりに社会サービスが劇的に拡大した（2007 年 5.3％
→ 2017 年 26.7％）。また中学卒では消費者サービスの比率が 2 割強と 2 時点
とも突出して高い。従来型産業における低技能労働が機械化や海外移転等に
より減少した結果、中学卒の女性が脱工業化サービス産業の中での低技能労
働（職業資格が不要のサービス職）へと移行しているのかもしれない。

脱工業化サービス産業のうち、専門学校卒以上の学歴の女性の就業先として最も大きな比率を占めるのは社会サービスである。その比率は2007年には専門学校卒と高専・短大卒では約5割、大学卒では25％程度だった。しかし2007年には高専・短大卒では約6割、大学卒では32.0％と高等教育修了者で大幅な拡大がみられる。一方、専門学校卒では2017年には社会サービスの比率は46.6％に縮小した。この縮小と呼応するように、専門学校卒女性では消費者サービスとビジネスサービスの比率が微増した。専門学校では調理師や美容師など消費者サービスにおける技能職の資格を取得できるため、消費者サービスが拡大しても中学卒女性のような低技能労働ではない職業に就いた可能性がある。最後に、ビジネスサービスの比率は男性と同様に大学卒が他を圧倒し、その比率は2時点でほぼ変わらない（2007年28.3％→2017年26.7％）。図表は割愛するが、ビジネスサービスでは15〜24歳の正規雇用者に占める大学卒以上の学歴が他の産業類型より抜きん出て高く、さらにその比率はこの10年間に拡大傾向にある[6]。ビジネスサービスは学歴による参入障壁がますます高くなりつつある産業類型といえる。

　以上の分析結果をまとめよう。消費者サービスは先述の通り、2007年から2017年にかけて若者が就職先として選ばないようになっていった産業分類である。そのため、消費者サービスへ雇用される若者は、労働市場において比較的弱い立場にある女性や高等教育を受けていない人に偏っていた。

　対照的に、この10年間に若者の雇用が増大した産業類型は社会サービスとビジネスサービスである。そのうちビジネスサービスへの正規雇用の機会は大学卒に大きく偏る。この10年間に女性においてビジネスサービスへの正規雇用が大幅に拡大したのは、男性より女性においてより高学歴化が進んだためと考えられる。

　一方、社会サービスは多様な学歴の若者を正規雇用している。従来は専門学校卒女性と短大卒女性が主に輩出されてきたが、近年は大学卒女性と中学卒女性も進出している。男性も専門学校卒に加え高専・短大卒や大学卒も進

6　15〜24歳の正規雇用者に占める大学・大学院卒の比率（2007年→2017年）は、産業計では25.0％→33.6％（男性24.7％→30.8％、女性25.5％→36.7％）、ビジネスサービスでは50.8％→61.0％（男性52.1％→62.5％、女性49.5％→59.6％）である。

出しつつある。ただし同じ産業類型に移行しても、より条件のよい職業に従事できる傾向は学歴によって異なるだろう。特に社会サービスは、教育・学習支援サービス産業と医療・福祉産業といった、職業資格や免許の取得が必須の職業を抱える産業を含んでいる。教育機関によって取得できる資格・免許の範囲は異なるため、社会サービスで働く若者の職業構成は学歴ごとに異なるはずである。

3　社会サービスで働く若者の職業構成

　そこで、男女の各学歴の 15～24 歳の正規雇用者に占める社会サービス関連職に就いた人の比率を棒グラフの長さで表し[7]、職業の内訳を棒グラフ内の塗り分けで示した（図表 1-11）。社会サービス関連職としては、専門的・技術的職業からは保健医療従事者[8]、社会福祉専門職業従事者[9]、教員[10]、サービス職からは保健医療サービス職業従事者[11]、介護サービス職業従事者[12]を採り上げた。

　まず、男女とも中学卒（高校中退者含む）・高校卒では介護サービス職が大半を占める。高校卒女性では保健医療サービス職も少なくない。これらのサービス職の比率は教育年数が長くなるほど小さくなる。専門学校卒は、男性は 2007 年には保健医療従事者と介護サービス職が半々であったのが 2017 年には保健医療従事者が社会サービス関連職全体の 7 割を占めるようになった。女性は保健医療従事者が社会サービス関連職全体の 6 割強を占め、2017 年にはサービス職の比率がやや小さくなった。高専・短大卒（実質的には短

7　事務職や営業職など他の職業で社会サービス産業へ就職した人の比率が学歴によって異なる可能性を確かめるため、各学歴に占める社会サービスの比率（図表 1-10）と、社会サービス関連職の比率（図表 1-11）を照合すると、前者で社会サービスの比率が高い／低い学歴は後者で社会サービス関連職比率も高く／低く、社会サービスの比率が 10 年間で上昇／低下した学歴では社会サービス関連職比率も上昇／低下するという関係が概ねみられる。

8　保健師、助産師、看護師、診療放射線技師、臨床検査技師、理学療法士，作業療法士，視能訓練士，言語聴覚士，歯科衛生士、歯科技工士、栄養士、あん摩マッサージ指圧師，はり師，きゅう師，柔道整復師（修士修了を要件とする職業を除く）。

9　保育士、その他の社会福祉専門職業従事者。

10　幼稚園教員、小学校教員、中学校教員、高等学校教員、特別支援学校教員、大学教員、その他の教員（実際には大学教員はいないと推察される）。

11　看護助手、その他の保健医療サービス職業従事者。

12　介護職員（医療・福祉施設等）、訪問介護従事者。

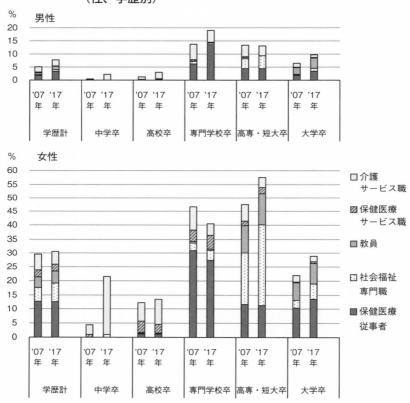

図表 1-11　15〜24 歳正規雇用者に占める社会サービス関連職比率
（性、学歴別）

出所：「就業構造基本調査」

大卒）は、男性は 2 時点とも介護サービス職、社会福祉専門職、保健医療従事者が約 3 割ずつを占める。女性は社会福祉専門職が最も多く、次いで教員と保健医療従事者、ごく一部がサービス職に就くが、2017 年には社会福祉専門職が増大している。大学卒は教員か保健医療従事者となる人が多いが、男性は教員、女性は保健医療従事者の方が多い。また 2017 年には男女とも保健医療従事者と社会福祉専門職が増大している。

　以上より、社会サービス産業への正規雇用の機会は多様な学歴に対して開

かれているが、高卒以下ではサービス職が大半を占め、専門技術職に就くには 18 歳以降の教育の継続が必要ということが明白である。特に教員は高等教育機関の修了が必須である。近年、若年男性正規雇用者において社会サービス関連職が拡大しているが、学歴別の輩出率と職種の内訳から、専門学校卒と大卒の男性が保健医療従事者となるケースが増えたためのようだ。

　一方、女性にとって社会サービスは正規雇用先として最大の産業類型である上に、専門技術職としての雇用機会を広く提供してくれる産業類型でもある。ただしそこでは急速な高学歴化が進行している。社会サービスで働く 15〜24 歳の女性正規雇用者の学歴構成は（図表は割愛）、2007 年から 2017 年にかけて、専門学校卒が 37.7％から 28.3％、高専・短大卒は 29.0％から 22.6％へと大幅に縮小した。対照的に、大学・大学院卒の比率は 18.9％から 33.5％へと 14.6％ポイントも上昇した。さらに各学歴の社会サービス関連職の内訳をみると、専門学校卒は保健医療従事者、短大卒は社会福祉専門職に偏り、短期高等教育機関の中では棲み分けがなされているが、大学卒は様々な専門的技術的職業が拡大傾向にある。

　社会サービス全体の労働需要は拡大傾向にあり若年人口は減少傾向にあるため、大学卒の増大により専門学校卒や短大卒女性が社会サービスにおける雇用機会自体を奪われる事態は現状では考えにくい。しかし、社会サービスの中でより労働条件のよい大企業や公的機関の求人は限られており、これらの求人への採用は後述の通り大学卒の方が有利である。今後、女性の高学歴化がますます進行すれば、大学進学を志向しない女性にとって、専門学校や短大に進学することで、より短期の教育投資で大学卒と同等の効果を得る（同じ職業資格を取得し、同等の雇用機会を得る）ことを目指すのは難しくなるかもしれない。

第 4 節　各産業類型が新卒採用正社員に提供している雇用の質

1　本節の目的と分析方法

　本節と次の第 5 節では、厚生労働省「若年者雇用実態調査」の 2013 年と 2018 年の個票データを二次分析することで、脱工業化サービス産業におけ

る雇用の質を従来型産業と比較検討する[13]。「若年者雇用実態調査」は、全国の5人以上の常用労働者を雇用する事業所から、都道府県、産業、事業所規模別に層化し無作為に対象を抽出した「事業所調査」と、当該事業所に雇用されている15〜34歳の若年労働者を対象とする「個人調査」から成る。本節では事業所調査のデータを日本全体の事業所の状況を反映するべくウェイトバックを行った上で分析する。分析対象は、過去に新卒採用され調査時点で15〜34歳の若年正社員（以下「新卒採用若年正社員」）が在籍している事業所である。分析対象を直接特定できる設問は調査票上に設けられていないため、新卒採用若年正社員に対する雇用管理について尋ねる個々の設問への有効回答があった事業所をそれぞれ分析対象とし、「雇用の質」のうち雇用の安定性と教育訓練へのアクセスに産業類型間でどのような差があるのか確認する。

2 雇用の安定性

　図表1-12へ、雇用の安定性の指標として事業所が新卒採用若年正社員に期待する勤続期間を尋ねた設問への回答分布を、企業規模を統制して産業類型別に示した。「定年まで」と答えた事業所の比率は2時点とも同じ産業類型ならば企業規模が「5〜299人」の事業所より「300人以上と官公庁」の事業所の方が高い。次に、調査年と企業規模が同じ集団の中で事業所が新卒採用若年正社員に期待する勤続期間に産業類型間で差があると統計的にいえるか検定を行い、5％水準で有意である場合は「p」列にアスタリスク（*）を記した[14]。分析の結果、2時点とも企業規模を統制してもなお、新卒採用若年正社員に期待する勤続期間には産業類型間で有意差がみられた。さらに、調査年と企業規模が同じグループの中で、産業計の回答比率と比べて各産業類型の回答比率が5％ポイントを超えてより高い場合は網掛、より低い場合は

13　JILPTでは厚生労働省から平成25年（JILPT 2016）と平成30年（JILPT 2020）の若年者雇用実態調査の個票データの使用許可を得て、若年者のキャリア形成と企業による雇用管理の状況を定点観測している。またJILPT（2022）では同調査のデータを用いて若者の学歴ごとに特有のキャリア形成上の課題を抽出する試みをしている。
14　クロス集計表におけるこの表示方法は本章の以下の図表全てに共通である。

図表 1-12　企業規模・産業類型別新卒採用若年正社員に期待する勤続期間

単位：%、N はケース数

		2013 年					2018 年				
		定年未満	定年まで	職種・労働者による	N	p	定年未満	定年まで	職種・労働者による	N	p
5〜299 人	従来型ものづくり	*29.3*	62.9	7.8	154,693	***	*29.8*	63.0	7.2	127,418	***
	従来型サービス	38.6	51.5	9.9	193,708		*31.2*	55.9	12.9	137,952	
	ビジネスサービス	36.5	49.4	14.1	72,120		34.1	56.8	9.1	61,664	
	社会サービス	51.8	*36.6*	11.6	100,560		46.8	*37.5*	15.7	101,141	
	消費者サービス	61.9	*26.5*	11.6	81,282		48.3	*35.4*	16.3	52,261	
	計	41.3	48.3	10.4	602,363		36.3	51.8	11.9	480,436	
300 人以上と官公営	従来型ものづくり	*11.4*	83.3	5.3	36,887	***	*12.7*	83.1	4.2	30,561	***
	従来型サービス	24.3	70.7	5.0	164,682		17.7	79.3	3.0	114,326	
	ビジネスサービス	*11.7*	81.0	7.3	66,740		16.6	78.7	4.8	55,475	
	社会サービス	21.2	68.8	10.0	64,677		20.0	73.1	6.9	74,875	
	消費者サービス	44.4	*49.0*	6.6	57,980		40.6	*46.2*	13.2	57,708	
	計	23.4	70.1	6.5	390,966		21.5	72.4	6.0	332,945	

出所：「若年者雇用実態調査」　*** p<.001　※新卒採用正社員が在籍する有効回答事業所について集計。※「1 年未満」「1年以上 3 年未満」「3 年以上 5 年未満」「5 年以上 10 年未満」「10 年以上」を「定年未満」に、「職種・労働者による」は「職種によって違う」「労働者によって違う」を「職種・労働者による」に含む。※産業計の％より 5 ポイントを超えて高い場合を網掛、低い場合を斜体＋強調で示した。

斜体と強調で示した [15]。2 時点ともどちらの企業規模でも、「定年まで」の比率が最も高いのは従来型ものづくりで、従来型サービスまたはビジネスサービスが第 2 位または第 3 位、社会サービスが第 4 位、消費者サービスは最下位である。産業類型ごとに各項目の比率を 2 時点で比較すると、「定年まで」の比率は「5〜299 人」では全ての産業類型で上昇したが、「300 人以上と官公営」では従来型ものづくり、ビジネスサービス、消費者サービスで若干の低下がみられた。また「職種・労働者による」の比率は「5〜299 人」の従来型サービスと社会サービス、両規模の消費者サービスで上昇がみられ、なかでも「300 人以上と官公営」の消費者サービスでは 6.6％ポイントと大幅に上昇した。

15　クロス集計表におけるこの表示方法は本章の以下の図表全てに共通である。

以上より、新卒採用若年正社員の雇用は従来型産業でより安定的だが、脱工業化サービス産業のうちビジネスサービスだけは従来型産業と同等の安定性があることが分かった。一方で、消費者サービスと企業規模「5～299 人」の社会サービスには、新卒採用若年正社員が定年前に離転職することを想定している傾向と、勤続期間について職種や個々の労働者によって異なる期待をする、すなわち長期雇用の対象者の範囲を限定するようになった動向がみられる。

3 教育へのアクセス

次に、教育訓練へのアクセスの指標として新卒採用若年正社員に対する育成方針を検討しよう（図表 1-13）。2 時点とも同じ産業類型ならば企業規模の大きい「300 人以上と官公庁」の方が「長期的教育訓練等」の回答率が高

図表 1-13　企業規模・産業類型別新卒採用若年正社員に対する育成方針

単位：%、N はケース数

		2013 年					2018 年				
		長期的教育訓練等	短期的研修等	社員自身に任せる	N	p	長期的教育訓練等	短期的研修等	社員自身に任せる	N	p
5～ 299 人	従来型ものづくり	60.3	*21.8*	14.2	127,600	***	61.6	21.9	13.7	110,428	***
	従来型サービス	55.9	30.1	12.3	152,757		60.8	28.2	9.4	115,345	
	ビジネスサービス	57.2	23.2	16.0	65,288		64.2	22.0	10.1	54,517	
	社会サービス	58.6	26.7	10.2	80,523		62.9	22.2	10.8	100,612	
	消費者サービス	55.4	35.1	8.4	68,931		*44.2*	38.6	14.3	44,992	
	計	57.6	27.2	12.4	495,099		60.2	25.5	11.5	425,894	
300 人 以上と 官公営	従来型ものづくり	83.6	15.0	0.9	34,393	***	88.7	*10.1*	1.0	30,254	***
	従来型サービス	78.5	17.8	1.2	154,017		83.7	11.9	1.5	107,621	
	ビジネスサービス	86.9	*9.0*	0.9	62,118		86.5	11.6	0.2	53,837	
	社会サービス	75.7	19.7	1.3	57,215		75.1	20.0	1.1	68,874	
	消費者サービス	*72.5*	21.1	5.9	46,980		*66.9*	22.1	10.9	53,151	
	計	79.2	16.7	1.7	354,723		79.9	15.2	2.7	313,737	

出所：「若年者雇用実態調査」　*** p＜.001　※新卒採用若年正社員が在籍する有効回答事業所について集計。※「長期的な教育訓練等で人材を育成」「短期的に研修等で人材を育成」「特別な研修等は行わず、社員自身に任せる」を略し、「その他」は表示を割愛。※産業計の％より 5 ポイントを超えて高い場合を網掛、低い場合を斜体＋強調で示した。

い。そこで企業規模と調査年が同じグループの中で、産業類型の間で新卒採用若年正社員に対する育成方針に差があるといえるかカイ二乗検定を行ったところ、全てのグループで有意差が確認できた。産業類型間の違いを企業規模別にみていこう。「5〜299 人」では、2013 年には「短期的研修等」の比率が消費者サービス（35.1％）で高く従来型ものづくり（21.8％）で低いという特徴がみられた。2018 年にはこれら以外の 3 類型がそろって「長期的教育訓練等」の比率を上昇させたため、消費者サービスだけが突出して「長期的教育訓練等」の比率が低く（44.2％）「短期的研修等」の比率が高い（38.6％）という図式になった。

　「300 人以上と官公営」でも、消費者サービスは 2 時点とも「長期的教育訓練等」の比率が最も低く「短期的研修等」の比率が最も高い上に、2018 年には「社員自身に任せる」の比率が 10.9％と突出している。全体の図式の変化に注目すると、2013 年には「長期的教育訓練等」の比率はビジネスサービスが 86.9％と突出し消費者サービス（72.5％）が低いという図式であった。2018 年になると、従来型ものづくりと従来型サービスで「長期的教育訓練等」の比率が大幅に上昇し、社会サービスではほぼ変化しなかった結果、「長期的教育訓練等」の比率は従来型ものづくり、従来型サービス、ビジネスサービスで 8 割超、消費者サービスと社会サービスで 6、7 割という 2 群に分かれる図式になった。

　以上の産業類型間の育成方針の違いと近年の変化を解釈するため、各産業類型が正社員を新卒採用する際に重視する事柄をみてみよう（図表 1-14）。なお、あてはまるものを全て選択する設問なので、回答率の合計は 100％にはならない。

　ビジネスサービスは多くの能力項目について高い回答率を示す。すなわち、他の産業類型より多くの事柄を新規学卒者に要求する。その一方でビジネスサービスでは「業務に役立つ専門知識や技能（資格・免許や語学力）」の回答率は低い。「長期的教育訓練等」で新卒採用若年正社員を育成する傾向がある点を考えあわせると、ビジネスサービスは訓練可能性の高さを採用時点で多角的に厳しく評価し、業務に役立つ知識や技能は採用後に長期的に育成する産業類型であるといえる。若者の長期的な能力開発については最も

図表 1-14　産業類型別新卒正社員採用時の重視点（MA）

単位：%、N はケース数

		従来型 ものづくり	従来型 サービス	ビジネス サービス	社会 サービス	消費者 サービス	計
N		59,413	92,337	56,025	75,954	33,477	319,516
職業意識・勤労意欲・ チャレンジ精神	***	73.8	65.0	74.3	*58.6*	67.5	67.1
柔軟な発想	***	23.3	24.6	33.5	20.0	*12.7*	23.7
組織への適応性	***	43.0	47.0	57.5	*37.6*	*31.5*	44.3
業務に役立つ専門知識や技能 （資格・免許や語学力）	***	*20.5*	*19.5*	*21.1*	40.6	38.1	27.1
コミュニケーション能力	***	62.6	62.8	72.9	*47.9*	66.1	61.3
従順さ・会社への忠誠心	***	18.3	*11.6*	22.4	17.6	25.4	17.6
体力・ストレス耐性	***	35.9	32.2	37.4	*23.2*	*15.2*	30.1

出所：「若年者雇用実態調査」2018年　*** p<0.001　「その他」の産業を除きカイ二乗検定を実施した。　※「その他」の産業は表示を割愛した。※産業計の回答率より5ポイントを超えて高い場合を網掛、低い場合を斜体＋強調で示した。

充実した環境をもつが、そこへの参入には先述のとおり高い学歴と、図表 1-14 に示されたような多様な能力が求められる。同様の傾向は従来型ものづくりにもややみられる。

　対照的に、社会サービスと消費者サービスは「業務に役立つ専門知識や技能（資格・免許や語学力）」の回答率が突出し、他の多くの項目は産業計より大幅に回答率が低い。社会サービスでは前述のとおり、学校教諭、看護師、社会福祉士などの国家資格・免許が、消費者サービスでは調理師、理容師などの国家資格のほかエステティシャンやトリマーなど民間の職業資格が必要な職業を多く雇用するためであろう。図表 1-14 に示した他の能力については重視しないのではなく、職業資格を取得できた人はその他の能力も高いはずとみなされているのかもしれない。新卒採用若年正社員を「短期的研修等」で育成する傾向があることを考え合わせると、消費者サービスと社会サービスでは、職業能力開発の基礎段階を学校等の教育機関に外部化し、職業資格という客観的指標を基準に採用することで、新卒者でも一定水準の訓練は既に終えた状態として扱うため、採用後に長期的な訓練をする必要はないと判断されるのだろう。また、消費者サービスでは「従順さ・会社への忠

誠心」の回答率も高い。次節では消費者サービスの新卒採用若年正社員の労働時間が突出して長く給与額も低いことを示すが、そうした過酷な状況に耐えられるか判断するため、採用時に「従順さ・会社への忠誠心」を重視するのかもしれない。

第5節　各産業類型で働く新卒採用若年正社員の雇用の質

1　本節の目的と分析方法

　本節では、厚生労働省「平成30年若年者雇用実態調査」の個人調査の各ケースに勤務先事業所の事業所調査への回答を紐付けた「統合データ」を二次分析し、「雇用の質」のうち労働時間と給与額を勤務先事業所の産業類型間で比較する。個人調査は層化抽出の手続が大変複雑なので、統合データの分析ではウェイトバックを行わず実測値を用いる。実測値による分析結果は変数間の関係をみることに主眼が置かれ、実社会の人口構成を反映してはいない点に注意されたい。分析対象者は、卒業後1年以内に事業所調査回答事業所に正社員として採用された調査時点で15〜34歳の若者（以下「新卒採用若年正社員」と称する）のうち、高校卒以上[16] の8,931人（男性5,295人、女性3,636人）である。

　はじめに分析対象者のプロフィールを確認する。図表1-15へ、男女それぞれの新卒採用若年正社員の学歴分布を、勤務先企業規模と産業類型別に示した。

　従来型ものづくりは高校卒、ビジネスサービスは大学卒と大学院卒、社会サービスは専門学校卒、消費者サービスは高校卒女性と専門学校卒に分布が偏る点は第3節で確認した「就業構造基本調査」の分析結果と一致する。本節で扱う指標のうち給与額は学歴と関連するため、分析結果を考察する際には企業規模・産業類型ごとの学歴分布を考慮する必要がある。

16　当初15〜34歳を分析対象としたところ、中学卒は4人とごくわずかであったため除いた。

図表 1-15　新卒採用若年正社員の産業類型ごとの学歴分布（性、企業規模別）

単位：%、N はケース数

			高校卒	専門学校卒	高専・短大卒	大学卒	大学院卒	N
男性	5～299人 ***	従来型ものづくり	53.3	7.4	3.4	*28.9*	7.0	557
		従来型サービス	*27.3*	6.6	6.3	55.6	4.3	304
		ビジネスサービス	*12.0*	13.8	4.5	62.9	6.9	334
		社会サービス	*7.7*	31.7	5.8	49.0	5.8	104
		消費者サービス	28.6	33.3		*38.1*		42
		産業計	32.6	11.4	4.4	45.4	6.1	1,351
	300人以上と官公営 ***	従来型ものづくり	39.5	2.0	3.8	*40.0*	14.6	1,356
		従来型サービス	25.8	3.6	3.8	58.2	8.6	1,297
		ビジネスサービス	*8.5*	3.2	1.7	67.7	19.0	786
		社会サービス	*5.0*	11.3	2.2	71.6	9.9	416
		消費者サービス	*13.1*	19.0	3.6	60.7	*3.6*	84
		産業計	24.6	4.1	3.2	55.3	12.7	3,944
女性	5～299人 ***	従来型ものづくり	58.7	*2.7*	*4.9*	*31.1*	2.7	264
		従来型サービス	34.7	*5.2*	*8.0*	51.6	0.5	213
		ビジネスサービス	*17.3*	9.7	*8.3*	60.3	4.3	277
		社会サービス	*9.1*	21.8	35.4	*33.3*	0.4	243
		消費者サービス	49.0	20.4	11.2	*19.4*		98
		産業計	31.7	10.8	13.6	42.0	1.9	1,101
	300人以上と官公営 ***	従来型ものづくり	34.8	*1.6*	5.9	*51.4*	6.3	508
		従来型サービス	26.0	2.6	7.5	61.4	2.5	731
		ビジネスサービス	*10.5*	*2.2*	6.9	73.1	7.3	506
		社会サービス	*4.5*	20.3	9.4	62.5	3.3	669
		消費者サービス	25.0	13.3	6.7	*53.3*	1.7	120
		産業計	18.9	7.5	7.5	61.7	4.4	2,535

出所：「若年者雇用実態調査」2018 年　*** p<0.001　※産業計の％より 5 ポイントを超えて高い場合を網掛、低い場合を斜体＋強調で示した。※「その他」の産業は表示を割愛。ケースがないセルは空白とした。

2　週あたり実労働時間の比較

　以上を踏まえ、まずは労働時間の長さを検討しよう。本調査では調査時点

直前の一週間の実労働時間[17]を10段階の選択肢から一つ選ぶ形で尋ねている。この設問に「働いていなかった」と答えた人を除き、残り9つの選択肢について中央値を連続変数に換算し、性・企業規模を統制した上で産業類型別の平均値を算出した（図表1-16）。実労働時間の平均は、同じ企業規模・産業類型ならば女性より男性で長い傾向にあるが[18]、消費者サービスと「5～299人」の社会サービス産業では男女間に有意差がない。これらの産業類型は労働時間の長さという点では女性が男性並みに働いているといえる。

**図表 1-16　新卒採用若年正社員の週あたりの実労働時間平均値
（性、企業規模・産業類型別）**

単位：%、N はケース数

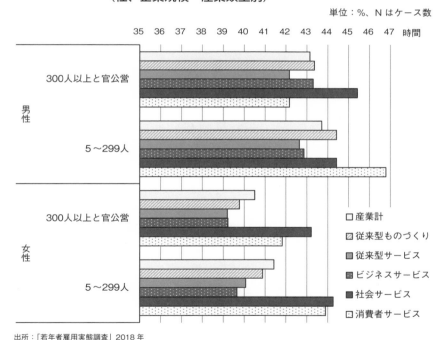

出所：「若年者雇用実態調査」2018 年

17　実労働時間数とは、所定内労働時間数と所定外労働時間数の合計を指す。所定内労働時間数とは、労働協約、就業規則等で定められた正規の始業時刻と終業時刻の間の実労働時間数を指す。休憩時間は給与支給の有無にかかわらず除き、有給休暇取得分も除く。所定外労働時間数とは、早出、残業、臨時の呼出、休日出勤等の実労働時間数を指す。
18　t 検定を行い 5％水準で有意差がみられたものについて言及。

次に同じ性・企業規模の中で実労働時間の平均を産業類型間で比較する
と[19]、全てのグループで有意差がみられた。「300人以上と官公営」の男性で
は社会サービス（45.4時間）が突出して長く、次いで従来型ものづくりとビ
ジネスサービスが約43時間、従来型サービスと消費者サービスが約42時間
である。「5〜299人」の男性では消費者サービス（46.8時間）が突出し、従
来型ものづくりと社会サービスが約44.5時間、従来型サービスとビジネス
サービスが約43時間である。女性はどちらの企業規模でも消費者サービス
と社会サービスが他を大きく引き離して長く、「300人以上と官公営」では
社会サービスが約43時間、消費者サービスが約42時間であるのに対して他
の産業は39〜40時間である。「5〜299人」では消費者サービスと社会サー
ビスはともに約44時間であるのに対して他の産業は40〜41時間である。以
上より、本稿の分析結果からは、長松（2013）が指摘した消費者サービスだ
けでなく、社会サービスでも長時間労働の傾向がうかがわれる。

３　月あたりの給与額の比較

　次に、給与額を検討しよう。本調査の個人調査では、調査月の前月に支払
われた賃金の総額（税込）を9段階の選択肢から一つ選ぶ形で尋ねている。
この設問に「支給がない」と答えた人を除き、残り8つの選択肢について中
央値を連続変数に換算し産業類型別の平均値を算出した[20]（図表1-17）。

　男女の平均月給額は同じ企業規模かつ産業類型ならば男性の方が有意に高
い[21]。しかし同一産業類型の中で、企業規模と性別を組み合わせた4グルー
プの平均月給額を比べると[22]、従来型ものづくりと社会サービスでは「5〜
299人」の男性と「300人以上と官公営」の女性の間に有意差がみられず、

19　Welch の修正分散分析の結果が5%水準で有意で、かつ Games-Howell の多重比較法を行い
　　5%水準で有意な差が見られた組み合わせについて言及。
20　各調査年の9月1日〜30日の間に支給された賃金。残業手当、休日手当、精皆勤手当等の通
　　常月に支給される諸手当を含み、税金、社会保険料などが控除される前の総支給額。特別に支給
　　される賞与・一時金、特別手当は除く。「支給がない」とは9月に支給される給与の算定期間よ
　　り後に採用されたなど、9月の給与が支給されない場合を指す。
21　t検定を行い5%水準で有意差がみられたものについて言及。
22　Welch の修正分散分析の結果が5%水準で有意で、かつ Games-Howell の多重比較法を行い
　　5%水準で有意な差が見られた組み合わせについて言及。

図表 1-17　産業類型別新卒採用若年正社員の税込み月給平均値
（18〜34 歳の全学歴について。性、企業規模別）

単位：％、N はケース数

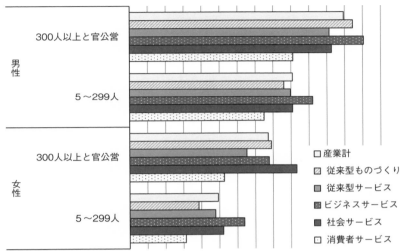

出所：「若年者雇用実態調査」2018 年

　消費者サービスでは「300 人以上と官公営」の男性が「5〜299 人」の女性より有意に高い他はどの組み合わせにも有意差がない。これらの産業類型は男女間の賃金差が比較的小さいといえるが、一概に「女性が男性並みに稼げる好ましい状況」とはいえない。消費者サービスで男女間の賃金差がみられないのは、女性の賃金が高いからではなく男性の賃金が他の産業類型と比べて大幅に低いためである。従来型ものづくりも、大企業勤務者と中小企業勤務者の賃金差が大きいため、中小企業勤務の男性と大企業勤務の女性の賃金額が近似したに過ぎない。ただし社会サービスは、女性が大企業や公的機関へ就職すると他の産業類型と比べて最も平均給与額が高く、かつ中小企業に就職した男性よりも高額になるので、「女性が男性並みに稼げる好ましい状況」と言ってよいだろう。

　次に、性別と企業規模が同じ集団内で平均給与額を産業類型間で比べる

と、全ての集団で有意差がみられた[23]。「300人以上と官公営」の男性では、ビジネスサービス（28.1万円）と従来型ものづくり（27.4万円）は、従来型サービス（26.1万円）と社会サービス（26.3万円）と消費者サービス（24.1万円）より高額である。「5〜299人」の男性ではビジネスサービス（25.2万円）が最も高いが、有意差は従来型ものづくりとの間にだけみられる。「300人以上と官公営」の女性では社会サービス（24.3万円）が突出して高く、次いで従来型ものづくりとビジネスサービスが約23万円、従来型サービスと消費者サービスが21万円前後と3段階に分かれる。「5〜299人」の女性ではビジネスサービス（21.4万円）と社会サービス（20.2万円）が、従来型サービス（19.8万円）、従来型ものづくり（18.8万円）、消費者サービス（18.1万円）より高い。

4 脱工業化サービス産業における雇用の質

　第4節と第5節の分析結果をまとめると、脱工業化サービス産業の雇用の質には従来型産業と比べて次のような特徴があるといえるだろう。

　ビジネスサービスは、従来型ものづくりと同等かそれ以上の雇用の質を示した。ビジネスサービスは従来型ものづくりと同様に、新卒者の訓練可能性を多角的に精査して採用した後、長期的な教育訓練により育て上げ、若者に定年までの勤続を期待する。労働時間は両産業類型ともにほどほどの長さで、長期的安定的に職業能力を高める環境が整っている。ただし、給与額には性別や企業規模によって異なる傾向がみられた。男性にとってビジネスサービスは、企業規模を問わず最も高い所得を得られる産業類型である。一方で、女性にとってビジネスサービスは、女性同士を比較すれば比較的高めの給与を得られる産業類型であるが、従来型産業と並び男女間の賃金差が激しい点に問題がある。

　消費者サービスは、あらゆる点において最も雇用の質が期待しづらい産業類型である。消費者サービスは新卒者に対して、採用時点で既に業務に役立つ知識や技能がある程度身についていることを要求し、入職後の能力開発は

23　Welchの修正分散分析の結果が5％水準で有意で、かつGames-Howellの多重比較法を行い5％水準で有意な差が見られた組み合わせについて言及。

短期的研修ですませるか、若者の自助努力に任せる傾向がある。月給額は男女問わず企業規模に関わらず最も低く、労働時間は従来型産業やビジネスサービスと比べて大幅に長い（大企業や官公営事業所に勤める男性を除く）。このような過酷な就労環境に耐えられる若者を峻別するためか、新卒採用時には従順さや会社への忠誠心が重視される。一方で、長期勤続に向かない職場という自覚があるのか、定年まで勤めあげることを期待する傾向は著しく弱い。

　社会サービスも消費者サービスと同じく、新卒採用時に業務に必要な知識や技能を求める傾向があるが、それはこの産業類型が、資格や免許の取得が必須となる職業を多く雇用するためである。教育訓練へのアクセスと雇用の安定性は企業規模によって異なり、事業所の人材育成方針が長期的である比率は、中小企業では従来型産業と同程度（約 6 割）だが大企業や官公営事業所では従来型産業（8 割強）と比べてやや低い（7 割強）。また、定年までの勤続を期待する事業所の比率は、大企業や官公営事業所では従来型産業（約 8 割）よりやや低い（約 7 割）程度だが、中小企業では消費者サービスと同程度に低い（3 割強）。労働時間は男女とも企業規模を問わず従来型産業やビジネスサービス（大企業と官公営事業所の男性は消費者サービスも）と比べて大幅に長い。給与額の傾向は男女で異なる。男性にとっては、社会サービスは消費者サービスよりはましだが従来型ものづくりの大企業やビジネスサービスほどには稼げない産業類型である。一方、女性にとって社会サービスは、大企業や公的機関へ就職できれば中小企業の男性と同等かつ女性としては比較的高額な所得を得られる唯一の産業類型である。中小企業に就職した場合でも、同じ企業規模で働く女性の中では比較的高めの給与を得られる。

第 6 節　おわりに

　わが国の新規学卒者を中心とする若者の正規雇用先としては、男性は従来型産業（特に従来型ものづくり）、女性は社会サービスが大きな役割を担ってきた。その一方で、近年は男性では社会サービス、女性ではビジネスサー

ビスが拡大しつつある。また、消費者サービスは若年労働者の確保が難しく
なっている。これらの変化は、若者のキャリア形成にどのような影響を及ぼ
しうるのだろうか。本章の最後に、脱工業化に伴い変化しつつある労働市場
の中で、わが国における若者に対する支援を今後どう方向付けていくべきか
考えよう。

　最も支援の優先度が高いのは、消費者サービスで働く若者たちであろう。
そこでの長期的能力開発の機会は正規雇用者でも一部の者に限られ、長時間
労働と低賃金の下では長期勤続は難しい。若年人口の減少により若者の希少
性が高まり好況期が続いた近年、若年労働者の消費者サービス離れが明らか
に生じている。雇用支援対策としてはこの機会にこそ事業主に対して、若者
に依存した雇用管理体制の見直しや雇用の質の改善を求め、その推進を支援
する取り組みを強化するべきではないだろうか。今後、自然災害や金融危機
などの大きな社会変動により労働需要が急速に縮小することが再びあれば、
女性や中学卒、高校卒といった労働市場で弱い立場の若者は、条件のよい労
働市場から押し出され消費者サービスへと流入せざるを得なくなるかもしれ
ない。そうした事態が生じる前に、いち早く対策に乗り出す必要がある。

　脱工業化サービス産業の中で比較的雇用の質が高いのは、ビジネスサービ
スと社会サービスである。ビジネスサービスは、男性にとってはあらゆる点
において従来型ものづくりに匹敵する雇用の質が得られ、女性にとってはほ
どほどの労働時間で長く安定して働ける産業類型である。ただしその参入に
は大学卒以上の学歴がますます必要とされており、その恵まれた就労環境を
享受できる層はごく限られている。また、給与額に男女差が大きいことも懸
念される。その要因が、男女で入職していく産業や職業、企業規模が異なる
ためなのか、同一産業・職業・企業規模であっても男女間に賃金差があるた
めなのか、今回の分析では明らかにできない。これからの社会を担っていく
若者たちに対して、より優良な雇用への参入機会が性別によって異なること
は、わが国がより公平な社会の構築をめざしていく上で大きな妨げになる。
この問題については今後の課題とし、別稿にて取り組みたい。

　これとは対照的に社会サービスは、男性と同等に長時間働くことを受け入
れれば、女性にとって比較的高所得を得られる唯一の産業類型である。社会

サービスが女性の正規雇用先として最大の規模を維持してきたのは、男性に
ひけを取らない所得を得つつ長く働き続けたい層の女性から支持を集めてき
たためだろう。特に大学進学を希望しない層の女性にとって、大学卒以上の
学歴を求めるビジネスサービスや、そもそも男性に雇用機会が偏る従来型も
のづくり産業と比べて、社会サービスでは同じ職業資格を取得しさえすれ
ば、女性も男性と同等に、また専門学校卒や短大卒も大学卒と同等に、特定
の専門技術職として働くことができる。ただし社会サービスにおいても、長
期的な教育訓練や高所得は大企業や官公営事業所に入職した場合に限られ、
大企業や官公営事業所への雇用機会は大学卒に大きく偏る[24]。近年、女性に
おいて社会サービスの専門技術職への参入に高学歴化が進んでいるのは、こ
うした労働市場の構造に若者自身や周囲の大人が気づき、高校卒業時の進路
選択において同じ資格を取得するにも大学進学が推奨される動向があるため
かもしれない。

　しかし、高等教育を受けた女性の大半が特定の産業類型に集中して就職す
る状況は、社会全体で性別職域分業を推進するようなもので、健全なものと
は言い難い。社会サービス以外の産業類型においても、女性が男性と肩を並
べて長く働き続けられる環境を整える必要がある[25]。ただし男女を同等に扱
うといっても、消費者サービスのように男性も女性も長時間労働で低賃金と
いう環境では誰も長く働き続けることはできない。一方で、現状の従来型産
業とビジネスサービスでは、未婚者が大半であろう 15〜24 歳の時点で既
に、労働時間の長さが男女で大きく異なる（図表 1-16）。この現象は、将来
の結婚・出産後の負担を予測して若年女性が労働時間の短そうな職業を選ん
だ結果かもしれないし、企業側が採用過程で男性は長時間労働だが高所得、
女性は労働時間が短く低所得の職業へと水路づけた結果かもしれない。いず
れにせよ、男女がお互いにリスクを同等に分担しながらともに働き続けられ

24　社会サービスに勤務する新卒採用若年正社員について、勤務先の企業規模が「300 人以上と官
　公営」である比率を学歴間で比較したところ、男女ともに 5％水準で有意差がみられ、男性は、
　専門学校卒 58.8％、高専・短大卒 60.0％、大学卒 85.4％、女性は、専門学校卒 72.0％、高専・短
　大卒 42.3％、大学卒 83.8％であった。
25　社会サービスの就労環境にも問題はある。特に時間外労働の多さは過重労働とあわせて看護師
　の離職要因となっており、看護師の資格を取得しながら看護師としては働かない「潜在看護師」
　が増加している（厚生労働省 2014）。

る就労環境が整えられれば、労働時間は長いが高所得の職業に挑戦する若年女性は今より増えていくだろうし、様々な職域に女性が増えれば、雇用主が女性という属性のみをもって人材配置を決める機会も減っていくことが期待できるだろう。

　また、人口動態は日々変化していく。近年の社会サービスの拡大は、女性の労働力化および少子高齢化によって、介護や保育を必要とする世帯が増大したことが要因である。しかし少子化がさらに進行すれば、社会サービスの職業のうち保育士や幼稚園教諭、小中学校教諭などの職業は労働需要が減退する可能性が濃厚である。現状、子どもの保育や教育に関わる専門技術職と、高齢者の介護や医療に関する専門技術職とは、職業資格取得のカリキュラムが完全に分かれており、両方の資格を同時に取得することは困難である。仮に保育士や幼稚園教諭が社会福祉士や理学療法士に転職しようと思えば、改めて学校に入学し学びなおす必要がある。しかし、長期間仕事を休んで学習に専念することが許される人は少ないだろう。学び直しに要する時間を短縮し、より多くの人にキャリアチェンジの機会を広げるには、高等教育機関における職業資格取得のプロセスを柔軟にすることが一つの解決策になりうる。具体的には、職業資格取得のカリキュラムの中で単位の共有が可能なものはないか、また、学校以外での職業訓練の経験や実務経験を資格取得に必要な単位に読み替えることはできないか、整理と見直しを行うことが考えられる。

　人口減少社会の段階に突入したわが国にとって、若者への投資は社会を存続・発展させるために不可欠の行いである。脱工業化の進行はわが国においても労働の二極化を生じさせている。一方では雇用の質の改善を進めるとともに、もう一方では安定的に能力を開発できる雇用機会が若者へ優先的かつ公平に配分されるよう導くことが、若年者雇用対策に求められる課題であろう。

＜参考文献＞

Autor, David, Frank Levy and Richard J. Murnane, 2003, "The Skill Content of Recent Technological Change: An Empirical Exploration," *Quarterly Journal of Economics*, 118 (4)： 1279-1333.

Bell, Daniel, 1973, *The Coming of Post-Industrial Society*, New York: Basic Books（= 1975, 内田忠夫訳『脱工業社会の到来（上・下）』ダイヤモンド社）.

Esping-Andersen, Gøsta, ed., 1993, *Changing Classes: Stratification and Mobility in Post Industrial Societies*, SAGE Publications Ltd.

Esping-Andersen, Gøsta, 1999, *Social Foundations of Postindustrial Economies*, Oxford University Press（=2000, 渡辺雅男・渡辺景子訳『ポスト工業経済の社会的基礎―市場・福祉国家・家族の政治経済学』桜井書店）.

Esping-Andersen, Gøsta, 1999, *A Welfare State for the 21st Century: Aging Society, Knowledge Based Economies, and the Sustainability of European Welfare States (revised in November 1999)*（=2001, 渡辺雅男・渡辺景子訳『福祉国家の可能性　改革の戦略と理論的基礎』桜井書店, 第 1 章）.

池永肇恵、神林龍, 2010「労働市場の二極化の長期的推移：非定型業務の増大と労働市場における評価」PIE/CIS Discussion Paper；No. 464.

厚生労働省, 2014,「看護職員の現状と推移」第 1 回看護職員需給見通しに関する検討会資料 3-1.

JILPT, 2016,『若年者のキャリアと企業による雇用管理の現状：『平成 25 年若年者雇用実態調査』より』JILPT 資料シリーズ No.171

JILPT, 2021,『若年者のキャリアと企業による雇用管理の現状「平成 30 年若年者雇用実態調査」より』JILPT 資料シリーズ No.236.

JILPT, 2022,『非典型的キャリアをたどる若者の困難と支援に関する研究』JILPT 労働政策研究報告書 No.214.

田中博秀, 1980,『現代雇用論』日本労働協会.

長松奈美江, 2016,「サービス産業化がもたらす働き方の変化」『日本労働研究雑誌』No.666, pp.27-39.

濱口桂一郎, 2011,『日本の雇用と労働法』日本経済新聞出版社.

濱口桂一郎, 2013,『若者と労働：「入社」の仕組みから解きほぐす』中央公論新社.

第2章 若年労働者の離職研究の現在
—JILPT 労働政策研究報告書 No. 214 を中心に—

久保　京子

第1節　はじめに

　若年者の早期離職[1] は、長らく関心を集めている社会問題であり続けている。1990 年代半ばから新規学卒者の就職後 3 年以内離職率（以下、「3 年以内離職率」という）は、中卒で約 7 割、高卒で約 5 割、大学卒で約 3 割の状態が続いていたため、若年者の早期離職の状況は「七五三現象」と呼ばれた[2]。2010 年代後半から、新規学卒者の就職後 3 年以内離職率は中卒は 6 割、高卒は 4 割程度まで下がっているが、少子化に歯止めが利かず若年者人口が減少している現在において、若年者の労働力が有効活用できない早期離職問題は未だに克服すべき課題である。若年者の早期離職は若者と雇用主の両者にとって不利にはたらく。若者側にとっては、教育訓練や職業経験が不十分なまま離職するため再就職が困難となり、長期間の無業や非正規雇用の状態はさらなる能力開発・職業経験に負の影響を与え、生活全般の質を低くする。雇用主側にとっては、採用活動や教育訓練費用が無駄になり、計画的な事業運営の妨げになるという点で大きな損失になる。一方で、労働者にとって、離職はキャリアアップの機会など前向きな意味も持つこともあるため、早期離職を一義的なものとして捉えることはできない。

　若年者の正社員などの安定した雇用への移行機会は、学校を卒業して間もない可塑性が高い（訓練可能性が高い）者を卒業と同時に採用する「新規学卒一括採用」によるものが主である。しかし、バブル崩壊後、就職氷河期

1　本章では「若年者」は 15 歳から 34 歳、「早期離職」は新規学卒 3 年以内離職を指す。
2　「卒業後 3 年以内の離職率をみると、中卒 70.4％、高卒 49.3％、大卒 35.7％（平成 15 年 3 月新規学卒者）となっており、いわゆる「七五三現象」といわれるように、若者がせっかく職を得ても、自ら抱いたイメージと現実とが異なる等の理由で、わずか数年勤めただけで辞めてしまうような事態が生じています。」（平成 19 年度版『青少年白書』p.52）。

（1993〜2004 年）と呼ばれる新卒求人倍率の低い時代に突入すると、若年非正規労働者や無業者が増加し、若年者が労働市場における弱者へと変化していった。雇用情勢は 2006 年頃から改善がみられたが、2008 年のリーマンショックや 2011 年の東日本大震災によって再び冷え込むことになった。そのころ、就職氷河期に安定した雇用に恵まれなかった世代の「派遣切り」の問題が明るみにされた。一般的に離職動向は、好況時にはよりよい職を求めて転職が盛んになり、不況時には逆になるが、1990 年代以降、若者の離職率は長期不況時でも増加している（中澤 2011）。若年労働者の離職は、若年者自身の就業意識の低さのような個人に要因があるという議論が続いていたが、2000 年代後半から、正社員の身分であっても若者を使い捨てる企業の存在がクローズアップされるようになった（小林 2008; 今野 2012）。若者の雇用に対する政策としては、2010 年に「青少年雇用機会確保指針」[3] 改正により、新卒採用に当たっては、少なくとも卒業後 3 年間は応募できるようにすることなどが追加され、早期離職者に対して就労機会を広げるための対策がなされた。2015 年には若者の就職準備段階からキャリア形成までの雇用対策を行うための法律である「青少年の雇用の促進等に関する法律（若者雇用促進法）」が施行された。

　本章では、こうした若年労働者の雇用や早期離職の状況を踏まえて、1990年代後半からの若年者の早期離職及び早期離職後のキャリア形成に関する先行研究をレビューし、最新の研究として、労働政策研究・研修機構（以下、「JILPT」という）が 2022 年に公開した報告書『非典型的キャリアをたどる若者の困難と支援に関する研究』を紹介する。本章の構成は以下の通りである。第 2 節では、これまでの若年労働者の早期離職について「離職要因」「離職後のキャリア形成」に関する研究をレビューし、JILPT で行われてきた若年者の早期離職に関する研究成果について概説する。第 3 節では、若年労働者の早期離職に関する最新の研究として報告書『非典型的キャリアをたどる若者の困難と支援に関する研究』を紹介する。第 4 節では、今後の早期離職に関する研究の展望について述べる。

3　雇用対策法第 7 条および第 9 条に基づき、厚生労働大臣が定めた「青少年の雇用機会の確保等に関して事業主が適切に対処するための指針」

第2節 若年労働者の早期離職に関する先行研究

1 若年労働者の早期離職の要因に関する研究

　先行研究が扱ってきた早期離職の要因としては、マクロレベルでの世代効果、メゾレベルでの産業や雇用管理の効果、そしてミクロレベルでのトランジションの影響と職種固有の要因の4点が挙げられる。世代効果の要因としては、人口動態・景気・失業率等の変動が若年者の早期離職に与える影響が指摘されている（玄田 1997; 太田 1999; 黒澤・玄田 2001; 近藤 2008）。産業や雇用管理の効果としては、2010年代以降に若者を使い捨てる企業の存在が社会問題化したことを背景に、産業や企業ごとに固有の雇用管理の特徴が早期離職の要因として注目されるようになった（小林ほか 2014; 今野 2015; 尾形 2015）。トランジションの影響とは学校から職場への移行プロセスにおけるジョブマッチングの失敗が早期離職をもたらすという視点である。トランジションの影響に着目した研究としては、学校経由の就職が若年者の初職離職リスクに与えた影響の趨勢を分析した石田（2014）や教育過剰に着目して大卒女性の早期離職を分析した市川（2015）などがある。職種固有の離職要因としては、看護師（片桐・坂江 2016）、保育士（竹石 2013; 森本ほか 2013）、介護士（古川 2010; 大竹 2013）など、医療・福祉職に特有の離職要因が探索されてきた。その背景としては少子高齢化に伴い医療・福祉分野の労働需要が特に逼迫していることが挙げられる。

2 若年者の離職後のキャリア（転職）に関する研究

　早期離職者の離職後の就業状況に焦点を当てた研究蓄積は多く存在しない（小杉 2017）。そこで、本項では、早期に限定しない若年者の離職後のキャリア（転職）に関する研究について概説する。若年者の離職後のキャリア（転職）に関する研究は、離職を労働市場において不利と捉える研究、有利なものと捉える研究、個別の資格職や専門職に関する研究が挙げられる。離職を不利と捉える研究（佐藤 2009; 前田ほか 2010; 小杉 2017）では、離職者の次職が不安定なものになりやすい傾向を明らかにしている。離職を有利なものと捉える研究は、日本を事例としたものはほとんど無いが、海外の高

学歴専門職の転職を事例とした研究はいくつか行われている（藤本 2012, 2017, 2020）。資格職や専門職における離転職に関する研究は、離職要因研究と同様に、看護師や保育士などの医療・福祉職でよく研究されている（山本ほか 2020; 玉木 2020, 2022）。それらは、先述の高学歴専門職研究とは異なり、若年離職者が多い職種において、職場定着や潜在看護師（保育士）の活用を目指すものである。

３　JILPT の若年者早期離職に関する研究

　これまでの若年者の早期離職研究の流れを受け、 JILPT では大きく分けて２つの研究を行っている。一つは厚生労働省の「若年者雇用実態調査」の二次分析であり、もう一つは「若年者の能力開発と職場への定着に関する調査」の分析である。

(1)　「若年者雇用実態調査」の二次分析

　厚生労働省の「若年者雇用実態調査」は日本標準産業分類に基づく 16 大産業に属する全国の常用労働者５名以上の事業所と、左記の事業所で就業する 15〜34 歳の若年労働者を対象とする全国調査であり、中小企業を含め若年者の募集・採用状況や雇用管理、およびそれらの企業で働く若年者のキャリア形成状況について、最新の状況を把握するのに適している。JILPT では、平成 25 年および平成 30 年に実施された調査（以下、それぞれを「平成25 年調査」「平成 30 年調査」という）の二次分析を行っている。

　平成 25 年調査の二次分析（JILPT 2016）の目的は、より多くの企業を多様な若年者が健全かつ安定的にキャリアを形成できる場として発展させるため、若年者のキャリア形成過程の現状と、企業の若年者に対する人材需要および雇用管理等の現状を把握し、キャリア形成に困難を抱える若年者層や、若年者の育成・職場定着等に課題を抱える企業層を抽出する。さらに若年者の職場定着や能力開発状況、職業生活に対する満足度と、勤務先による雇用管理や労働条件等との関連を明らかにすることにある。若年者の早期離職に関して得られた知見としては、以下のものがある。①若年正社員の転職希望に影響を持つ要因は、若年者の性別や、勤務する事業所の「若年人材需要類

型」[4] によって異なる。「仕事の成果に見合った賃金」や「福利厚生の充実」などの職場定着対策を実施している事業所では、一つの会社で長く勤める事を望ましいと考え実際に転職を希望しない「長期勤続志向層」の若者の比率が有意に高いという関係があるかを分析した。この関係は、平均より若年労働者比率が大きくかつ雇用している若年労働者の全員が正社員である「若年活躍型」と、平均より若年労働者比率が大きく雇用している若年労働者の一部もしくは全員が非正社員である「若年中心使い分け型」の事業所でのみ確認され、若年労働者比率が平均以下で全員を正社員として雇用している「若年少数精鋭型」の事業所や、若年労働者比率が平均以下で非正社員も雇用している「若年正社員希少型」の事業所では確認されなかった。②最初の正社員の仕事（以下、「初職」という）を離職した人の調査時点における仕事が正社員である比率（以下、「現職正社員比率」という）は、概ね、初職での勤続期間が短い人ほど低い。ただし、女性の大学・大学院卒では逆に早期に離職した人のほうが初職に長く勤続してから離職した人よりも現職正社員比率が高い。また初職が非正社員の場合、不本意に同職についた男性では早期に離職したほうが現職の正社員比率は高い。

　平成30年調査の二次分析（JILPT 2021）の目的は、平成25年調査と同様に、若者のキャリア形成の状況と、企業による若者の雇用管理の現状を把握し、課題を探索することにある。さらに平成25年調査と平成30年調査の比較も行っている。若年者の早期離職に関して明らかにされた知見としては、以下のものがある。①初めて正社員として勤務した会社等を勤続3年未満で辞めた場合、3年以上勤続後に離職した場合に比べて「人間関係」や「仕事が合わなかった」という離職理由を挙げる人が多く、この傾向は勤続

4　JILPT（2016）では、事業所の若年労働者に対する人材需要を「量」と「質」の両面から分類し、「若年人材需要類型」と名付けた。「若年人材需要類型」には、事業所を若年労働者比率および若年労働者における正社員の割合から、「若年労働者皆無型」（若年労働者が0人）、「若年活躍型」（平均より若年労働者比率が大きく、かつ雇用している若年労働者の全員が正社員である事業所）、「若年中心使い分け型」（平均より若年労働者比率が大きく、雇用している若年労働者の一部もしくは全員が非正社員である事業所）、「若年少数精鋭型」（「若年労働者比率」が平均値以下で、かつ雇用している若年労働者の全員が正社員である事業所）、「若年正社員希少型」（若年労働者比率が平均値以下で、雇用している若年労働者の一部もしくは全員が非正社員である事業所）がある。

1年未満での離職者で顕著である。勤続1年未満離職者の離職理由を平成25年調査と比べると、平成30年調査では男女とも「人間関係」を挙げる者が大きく増え、健康上の理由を挙げる者も増えた。②調査時点である平成30年は平成25年と比べて経済が活況にあったため、初めて正社員として勤務した会社等を離職した人の調査時点における正社員比率は平成25年調査より平成30年調査で全般に高まっており、特に20歳代までの男女では10ポイント以上増加した。ただし、初職での勤続期間が1年未満で離職した場合、男性では学歴にかかわらず調査時点における正社員比率は相対的に低く、この傾向は平成25年調査と変わらない。

　「若年者雇用実態調査」では事業所と労働者の両者に調査を行っているため、これらのデータを紐づけしたデータを用いることで、事業所と労働者の回答を関連づけて分析できるという利点がある。一方で、就業中の若年者を調査対象とするため、在職者の「将来的な転職の希望の有無」を「離職傾向」の指標とせざるを得ないという問題点があった。若年者の離職が発生する要因や、離職後のキャリア形成、能力開発の状況を把握するには、現在は就業していない若年者も含めて調査を行い、彼・彼女らが学校卒業後初めて正社員として勤務した会社等（以下、「初めての正社員勤務先」という）で経験した事柄と、その後の離職の有無、離職後の経験との関係を調べる必要がある。

⑵　「若年者の能力開発と職場への定着に関する調査」の分析

　「若年者雇用実態調査」における調査上の課題を克服するべく、JILPTは「若年者の能力開発と職場への定着に関する調査」を独自に設計し、平成28年と平成30年の2回実施した（以下、それぞれ「第1回調査」「第2回調査」という）。同調査は、若年正社員の離職状況および離職後のキャリア形成状況を把握し整理することにより、若年者が安定的かつ健全にキャリアを形成できる職場の条件および社会のあり方を探索することを目的とする。なお、第2回調査は、第1回調査の対象範囲や質問項目に修正を加えたもので、併せて離職経験者に対して、ヒアリング調査を行った。

　第1回調査の分析（JILPT 2017）で得られた知見には以下のものがある。

①初めての正社員勤務先を離職した若者（以下、「離職者」という）には、女性・低学歴層・中退者など労働市場で不利な属性をもつ人が多い。②離職者と勤続者の初めての正社員勤務先での経験を比べると、離職者には長時間労働者が多く、採用時に聞いた労働条件と現実とが異なる人が多い。また離職者は、多様な職場トラブルの経験者が多い。③上司や先輩社員の側からのコミュニケーションの不足が離職の一因である可能性がある。

　第2回調査の分析（JILPT 2019）においては、最終学歴修了時の職業への移行の可否が、初めて正社員として勤務した会社等での就業継続にどのような影響をもたらすのかを明らかにすることに焦点が定められた。得られた知見には以下のものがある。①卒業月の翌月末までに正社員として就職した「新卒就職者」と、卒業後に無業期間や非典型雇用の期間を経てから卒業月の翌々月以降に正社員として就職した「既卒就職者」との間で、調査時点において初めての正社員勤務先を離職していた人の比率（以下、「離職率」という）を比べると、必ずしも既卒就職者の離職率が新卒就職者より高いとは限らなかった。性別や学歴にもよるが、多くの場合最も離職率が高いのは卒業した翌々月から1年以内に就職した既卒就職者である。その背景としては、就労経験は新卒就職者と同程度であるのに経験豊富な転職希望者と並び主体的に就職活動を行わねばならないこと、既卒就職者が利用しがちな応募経路は不正確な情報を含む傾向があり、入職前に得た情報と実際の労働条件が異なることが離職の要因になることなどが考えられる。②既卒就職者は、厚生労働省が毎年公表する新規学卒者の就職後3年以内離職率が高い産業や中小企業、同じ学歴の新卒者があまり就かない職種に就職する傾向がある。③新卒就職者と比べて既卒就職者では、研修等の教育訓練や上司・先輩から働きかけるコミュニケーションが不足しがちであり、指示が曖昧なまま放置された人や、初めから先輩と同等の仕事を任せられた人の割合が高い。こうした扱いは概ね離職傾向と関連するが、既卒就職者では勤続傾向と関連する場合もある。反対に、新卒就職者では勤続傾向と関連する教育訓練や職場コミュニケーションが、既卒就職者では離職傾向と関連する場合もある。

　第2回調査と併せて行われたヒアリング調査（JILPT 2020）で明らかになったことには、①高学歴者は戦略的・主体的に離職後のキャリアを形成す

る傾向がある。②女性・非大卒・非都市部の若者は「正社員」の賃金の低さや労働条件の厳しさを背景に、非典型的なキャリアを選択する傾向がある。非正規職の掛け持ち、副業、独立起業、投資などでキャリアの補強を試みる人もいる。③初めての正社員勤務先で心身にダメージを受けた人は離職後のキャリア形成が困難であった。彼・彼女らが冷静な判断をするには、一定期間の療養と信頼できる人からの客観的な視点の提供が必要、などがある。

　以上紹介してきた知見は、個々の調査ごとに分析の目標を設定して個別に分析した結果である。JILPT ではこれらの研究成果のうち、第 4 期プロジェクト研究期に実施した 2 つの調査研究の成果（JILPT 2019, 2020, 2021）を、改めて「学歴」という軸から総合的に再分析することで、若者の学歴ごとに異なるキャリア形成上の課題とその背景を明らかにし、改善および支援に向けての提言を行うことを試みた。次節では、現時点において我が国における最新の若者の離職に関する総合的な研究成果といえる、 JILPT 労働政策研究報告書『非典型的キャリアをたどる若者の困難と支援に関する研究』（以下、「JILPT（2022）」という）を紹介する。

第 3 節　若者の早期離職に関する最新の研究

　JILPT（2022）では、若者の初期キャリア形成プロセスから、学歴ごとに特徴的な課題が顕著に現れる段階を選び出し、日本的雇用システム[5] とそれぞれの若者たちのキャリアがどれほど適合しているかを判断している。それによって、非典型的なキャリアをたどることになった若者の現状を詳らかにし、日本的雇用システムの「周縁」や「外部」に置かれた若者に必要な支援のあり方について考察を行った。本章では、 JILPT（2022）にて報告された研究成果の中から、各学歴における離職の要因および離職後のキャリア形成に関する分析結果について取り出し紹介する。高卒については早期離職後の

5　JILPT（2022）では、これまでの研究成果を踏まえて、日本的雇用システムを「新規学卒一括採用により訓練可能性の高い未熟な若者を、職務を定めず組織内へと囲い込み、企業内訓練と職務横断的な配置転換により当該組織に独自のフレキシブルな人材へと育て上げ、並行して若年期には賃金を抑え勤続により上昇させることで長期勤続へと動機付け、定年により一斉に退職させることで過剰な人材を抱えることを防ぐ仕組み」（JILPT 2022, p.5）と定義する。

キャリア、専門学校卒については早期離職の要因、大卒については既卒採用正社員の離職要因の分析を取り上げる[6]。

1 「日本型雇用システム」と若年労働者——職場への定着と離職状況——

JILPT（2022）の第1章では、日本的雇用システムへの適合度という観点から各学歴の若年労働者の特徴を「学校から職業への移行」「職場での職業能力開発と雇用管理」「職場への定着と離職状況」の3段階から整理している。ここでは、「職場への定着と離職状況」について、いくつかのデータを見ていこう。

はじめに、厚生労働省が新規学卒就職者の3年以内離職率を推計する際と同じデータを用いて[7]、JILPTが性・学歴別に就職後3年以内離職率を推計した結果を確認しよう（図表2-1）。本章の第1節で非大卒における離職率の2010年後半以降の回復傾向について述べたが、女性で2002年以前は離職率が短大等卒よりも大学卒で高かったことを除けば、男女ともに、大卒に比べて非大卒は離職率が高い傾向が続いている。また、新規学卒者の離職問題は中卒、高卒、大卒の新規学卒者の就職後3年以内離職率を並べて「七五三現象」と呼ばれていたが、2000年代半ばに高卒男女計の就職後3年以内離職率は約4割にまで急速に低下した。それにより「七五三現象」では言及されない「短大卒等[8]」の方が高卒より高い値を示す状態が、男女計および男性では続いている。女性では、2000年代後半から「短大卒等」の値が漸増する形で、高卒の就職後3年以内離職率に近づいている。

次に、厚生労働省「平成30年若年者雇用実態調査」を二次分析することで、事業所が労働者に期待する勤続期間と労働者の転職希望状況とのズレに

6　JILPT（2022）の第5章では、若年大学院卒労働者について取り上げている。早期離職については言及していないが、日本的雇用システムの外部に置かれた者として「低所得非正規労働者」の大学院卒者や彼・彼女らに対する支援に焦点を当て、「平成30年若年者雇用実態調査」のデータを用いて、彼・彼女らのキャリア形成上の課題について分析を行っている。

7　厚生労働省では、事業所からハローワークに対して、雇用保険の加入届が提出された新規被保険者資格取得者の生年月日、資格取得加入日等、資格取得理由から学歴ごとに新規学卒者と推定される就職者数を算出し、更にその離職日から離職者数・離職率を算出している。JILPTは厚生労働省から推計に必要な上記のデータの提供を受けた。

8　「短大卒等」には専門学校卒、短期大学卒、高等専門学校卒などがまとめられている。

56

図表 2-1　学歴別の新規学卒就職者 3 年以内離職率の推移（性別）

単位：%

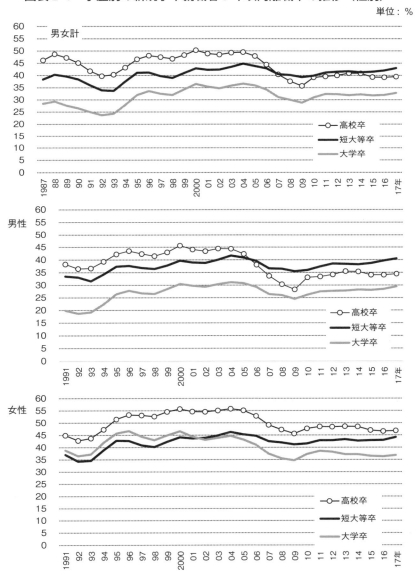

データ出所：「新規学卒就職者の離職状況」（厚生労働省提供）
図表出所：JILPT（2022）

図表 2-2　新卒採用した若年正社員に事業所が期待する勤続期間（性・学歴別）

		高校卒	専門学校卒	高専・短大卒	大学卒	大学院卒	学歴計	p
男性	10 年未満	1.6	5.8	2.2	1.4	1.2	1.7	***
	10 年以上	7.4	18.1	9.7	8.6	7.2	8.7	
	定年まで	84.6	*67.6*	84.3	79.6	82.1	80.7	
	職種・労働者による	3.0	5.5	1.1	5.9	4.6	4.8	
	不詳	3.5	2.9	2.7	4.5	4.8	4.1	
	N	1,387	309	185	2,769	582	5,232	
女性	10 年未満	5.3	13.7	9.3	3.0	1.5	4.9	***
	10 年以上	16.8	19.9	14.3	11.1	10.6	13.4	
	定年まで	68.7	*49.5*	*64.5*	73.5	79.5	69.7	
	職種・労働者による	6.7	15.3	9.0	8.4	5.3	8.5	
	不詳	2.4	1.6	3.0	4.1	3.0	3.4	
	N	819	307	335	2,005	132	3,598	

単位は％、N はケース数。
*** p＜.001 ** p＜.01 * p＜.05
※検定時には「不詳」を除いた。
※「職種・労働者による」は「職種によって違う」「労働者によって違う」の合計。
※カイ二乗検定で有意差が得られたグループについて学歴計の％より 5 ポイントを超えて大きい場合を網掛、小さい場合を斜体＋強調で示した。
データ出所：厚生労働省「平成 30 年若年者雇用実態調査」
図表出所：JILPT（2022）

ついて検討した結果をみていこう。図表 2-2 と図表 2-3 は、同調査の「事業所調査」に回答した事業所へ新卒時に正社員へと採用され、調査時点において 34 歳以下である「新卒採用若年正社員」を分析対象としている。図表 2-2 は、彼・彼女らが勤めている事業所が新卒採用若年正社員に対してどの程度の勤続期間を期待しているかを若者の学歴別に示している。男女とも、専門学校卒の者が勤務する事業所では、若年正社員に定年までの勤続を期待する事業所の割合が学歴計と比べると低く[9]、専門学校卒の者は新卒採用された若年正社員が定年までの勤続を期待されてない職場で働いている傾向を示している。

9　「定年まで」の割合は、男性は、学歴計 80.7％、うち専門学校卒では 67.8％。女性は、学歴計 69.7％、うち専門学校卒では 49.5％。

図表 2-3　新卒採用若年正社員の転職希望率と望ましいと考える今後の職業生活（性・学歴別）

		高校卒	専門学校卒	高専・短大卒	大学卒	大学院卒	学歴計	p
男性	転職希望率	*16.9*	32.0	23.2	23.1	21.2	22.0	***
	望ましいコース　一社勤続型	81.4	*66.5*	79.5	72.1	73.7	74.4	***
	転職・独立型	15.0	28.8	*17.3*	25.5	23.9	22.7	
	その他	2.9	3.5	3.2	2.0	2.2	2.4	
	不詳	0.7	1.3		0.4	0.2	0.5	
	N	1,192	316	185	2,797	585	5,075	
女性	転職希望率	37.1	38.5	31.7	28.9	27.3	31.5	**
	望ましいコース　一社勤続型	80.1	72.5	77.1	77.0	*68.2*	77.0	**
	転職・独立型	15.8	24.3	19.4	19.4	29.5	19.5	
	その他	3.7	2.9	2.1	2.7	2.3	2.8	
	不詳	0.3	0.3	1.5	0.7		0.7	
	N	644	309	341	2,025	132	3,451	

単位は％、N はケース数。
*** p<.001　** p<.01　* p<.05
※検定時には「その他」と「不詳」を除いた。転職希望率は、現在勤務する会社等を転職したいと「思っている」「思っていない」「分からない」の回答分布について検定を実施。
※カイ二乗検定で有意差が得られたグループについて学歴計の％より５ポイントを超えて大きい場合を網掛、小さい場合を斜体＋強調で示した。
データ出所：厚生労働省「平成 30 年若年者雇用実態調査」
図表出所：JILPT（2022）

　図表 2-3 は、新卒採用若年正社員に占める現在の勤務先から転職したいと思っている人の割合（＝転職希望率）と、彼・彼女らが望ましいと考える職業生活[10]を「1 つの会社に長く務める（一社勤続型）」「いくつかの会社を経験する、または独立する（転職・独立型）」「その他」に分けて、それぞれの割合を示したものである。男女とも専門学校卒は転職希望率が高い傾向がある。また、男性は高卒や高専短大卒で一社勤続型が多く、専門学校卒で転

10　厚生労働省「平成 30 年若年者雇用実態調査」の「個人調査」では、正社員として勤務する若者に対して「今後の職業生活についてお答えください。(1)　あなたが望ましいと思うコースはどれですか」と尋ね、7 つの選択肢から 1 つを選ぶよう求めている。JILPT（2022）ではその回答を「一社勤続型」（1 つの会社に長く勤め、だんだん管理的な地位になっていくコース、1 つの会社に長く勤め、ある仕事の専門家になるコース、1 つの会社で長く勤め、自分の生活に合わせた働き方が選択できるコース）、「転職・独立型」（いくつかの会社を経験して、だんだん管理的な地位になっていくコース、いくつかの会社を経験して、ある仕事の専門家になるコース、最初は雇われて働き、後に独立して仕事をするコース）と分類した。

職・独立型が多い[11]。女性においても男性ほどではないが同様の傾向がみられる。

　2つの調査の分析結果をまとめると、キャリア形成上の課題として早期離職を重要視しなければならないのは非大卒層であることがわかる。しかし、非大卒層の早期離職の特徴は一様ではなく、高卒者は、長期勤続を希望している者が多いにもかかわらず早期離職者が多い。一方で、専門学校卒の者は転職や独立を肯定的に捉えた上で早期離職する者が他の学歴よりも多い可能性がある。このように専門学校卒には他の学歴にはない独特な早期離職の背景があると思われるが、先述の通り専門学校卒を含む短期高等教育修了者の早期離職の問題は、これまであまり取りあげられてこなかった。

2 高卒者——早期離職後のキャリア形成における困難——

　高卒者の雇用や離職に関する特徴は、短大等卒に並んで新規学卒者の就職後3年以内離職率が高く[12]、再就職先は非正規職が多いというところにある（JILPT 2019）。しかし、専門学校卒とは異なり、転職や独立よりも一つの会社を勤め上げることを希望する者が多い（図表2-3）。JILPT（2022）では、「第2回若年者の能力開発と職場への定着に関する調査」を分析し、高卒離職者のキャリア形成上の課題とそれに対する支援のあり方を大卒者と比較する形で検討している。本章ではそのうち、高卒離職者の初職職場での相談相手と離職経験別の賃金変化について紹介しよう。

　高卒離職者の初職職場での相談相手（図表2-4）をみると、「勤務先の上司、先輩社員」「同僚」「勤務先以外の友人・知人」については、男女ともに大卒者に比べて、高卒者では相談相手として選択した者の割合が低い。一方で「誰にも相談しなかった」は男女とも高卒者で選択した者の割合が高い。さらに「その他」までの合計の数値（相談相手の範囲の広さ）は、高卒と大卒で値が大きく開いており（大卒女性の240.9％に対して高卒女性は

11　男性学歴計で「一社勤続型」は74.4％、うち高卒、高専・短大卒の「一社勤続型」はそれぞれ81.4％、79.5％。「転職・独立型」は22.7％、うち専門学校卒の「転職・独立型」は28.8％。

12　平成30年卒業者で新卒後3年以内離職率は大学卒が31.2％であるのに対して高卒39.6％、短大等卒が41.4％である（厚生労働省「新規学卒者の離職状況」https://www.mhlw.go.jp/content/11650000/000845104.pdf, 2022.8.5 最終アクセス）。

図表 2-4　性・学歴別 初職職場での仕事や働くことの悩みの相談相手（MA）

仕事や働くことの悩みの相談相手	男性			女性		
	高校卒	大学卒	p	高校卒	大学卒	p
勤務先の人事労務担当者	7.9	9.6		10.1	12.4	
勤務先の上司、先輩社員	33.9	41.8	*	48.8	61.2	***
勤務先の同年代の同僚	18.6	35.3	***	39.6	51.4	***
勤務先以外の友人・知人	21.0	32.2	***	38.2	50.7	***
家族や親族	27.2	33.2	†	45.7	51.4	†
卒業した学校（先生、キャリアセンターの職員など）	3.8	2.6		2.4	4.1	
行政機関の職員や相談窓口 （ハローワーク、ジョブカフェなど）	1.7	1.6		0.9	3.8	**
医師・カウンセラー等の専門家（行政機関の職員を除く）	3.3	2.6		2.9	4.9	
労働組合	0.2	1.2		0.7	1.1	
その他	0.0	0.2		0.4	0.0	
悩みはあったが誰にも相談しなかった	23.9	17.8	*	10.8	6.2	*
悩みはなかった	16.7	9.6		7.9	4.7	
N	419	428		455	469	
「相談した」の総計	117.7	160.3		189.7	240.9	

単位：％、N はケース数。
*** p<.001 ** p<.01 * p<.05 † p<.10
データ出所：JILPT「第 2 回若年者の能力開発と職場への定着に関する調査」
図表出所：JILPT（2022）

189.7％、大卒男性の 160.3％に対して高卒男性は 117.7％）、相談相手の範囲が高卒は大卒よりも狭いことがわかる。

　図表 2-5 は、初職離職後、正社員になった者と非正規になった者の賃金の比較である。初職離職後、非正規になった者は、時間当たり賃金が男女ともに非正規である現職のほうが離職直前に比べて高い（男性で離職直前 880 円→現職 1,047 円、女性で離職直前 895 円→現職 908 円）。すなわち賃金の面からは、離職直後に非正規職に就くことには一定の合理性がある。しかし、初職離職後正社員になった者と非正規になった者で、現職賃金を比較すると、非正規職となった者の方が賃金は低い（男性では現職が正規 24.1 万円に対して非正規 17.2 万円、女性では現職が正規 17.3 万円に対して、非正規 12.2 万円）。さらに、離職後正社員になった者では、初職を継続している男女と比べても、月額ではほぼ変わらない（初職継続者の給与男性 24.2 万円、

図表 2-5　高卒就業者の離職経験別 初職離職直前の賃金と現在の賃金

			①給与月額平均 （万円）	②週労働時間平均 （時間）	時間当たり賃金 （①／（②×4） ×10000）（円）	N
離職直前	男性	初職離職				
		転職して正社員	18.3	50.6	903	140
		転職して正社員以外	17.0	48.3	880	52
	女性	初職離職				
		転職して正社員	15.9	45.6	873	49
		転職して正社員以外	15.3	44.5	859	104
現職	男性	初職離職				
		転職して正社員	24.1	47.3	1,272	140
		転職して正社員以外	17.2	41.1	1,047	52
		初職継続	24.9	44.7	1,393	376
	女性	初職離職				
		転職して正社員	17.3	40.3	1,073	49
		転職して正社員以外	12.2	33.5	908	104
		初職継続	17.1	40.8	1,050	104

Nはケース数。
データ出所：JILPT「第2回若年者の能力開発と職場への定着に関する調査」
図表出所：JILPT（2022）

女性 17.1 万円）。正社員として転職していれば、賃金面でのマイナスはほとんどないということである。初職離職後非正規職に就くということは、賃金の面からみれば、目先では合理性があるように見えるが、長期的にはマイナスの選択といえる。

　これらの結果から、高卒離職者がキャリア形成において不利な点は、人生経験が浅いことであるといえる。高卒者は人生経験が浅いゆえに、相談者が少なく、社会的なネットワークの広がりも乏しい。よって離職後の再就職を有利にするような社会的ネットワークが構築できていない可能性がある。さらには、離職後に短期的にはプラスに見えるが長期的にはマイナスになる非正規雇用職への転職を行う。高卒者は大卒者に比べて初職就職までの社会経験は乏しく、初職就職先を決めるプロセスも学校の支援を受けてのものであった経緯を考えると、初職離職後の進路選択のための情報収集も偏ったものになりがちと考えられる。以上より、高卒者へのキャリア支援は、高卒離職者の多くが、大卒者に比べて主体的・戦略的にキャリア形成に取り組むことに慣れておらず、それがその後の就業状況に影響を与えていることから、早い時期から手厚い支援につなげることが重要であると考えられる。

3　専門学校卒者──その早期離職は独立志向か労働環境の問題か──

　先述の通り、専門学校卒の若者は他の学歴と比べて独特のキャリア観をも
つ。具体的には、転職や独立を望ましいと考える傾向があり、そうした傾向
が実際に転職を希望する者の割合が学歴計と比べて高いことにつながってい
るのかもしれない（図表2-3 参照）。また、厚生労働省による新規学卒者の
就職後 3 年以内離職率と同じ算出手順により、 JILPT が「第 2 回若年者の
能力開発と職場への定着に関する調査」のデータから性・学歴別の新規学卒
者の就職後 3 年以内離職率を算出したところ（図表2-6）、女性においては
高卒者とともに専門高専短大卒者の離職率が高いことがわかる。

　さらに学校種ごとの傾向をみるために、図表2-6 における「専門高専短大
卒」に含まれる「専門学校卒」「短大卒」「高専卒」を分けて集計したものが
図表2-7 である。男女のあらゆる学校種の中で、女性の専門学校卒の値が突
出して高い。男性においても女性ほどではないが、最もその値が大きいのは

図表 2-6　性・学歴別新規学卒者就職後 3 年以内離職率

		1年以内	1年超2年以内	2年超3年以内	3年以内計
男女計	高校卒（1,042人）	13.4	8.9	7.6	29.9
	専門高専短大卒（763人）	12.1	11.1	10.9	34.1
	大学・修士卒（1,764人）	6.9	7.2	8.1	22.2
男性	高校卒（646人）	11.1	8.0	4.2	23.4
	専門高専短大卒（252人）	10.3	6.0	6.0	22.2
	大学・修士卒（1,101人）	6.4	5.5	6.6	18.6
女性	高校卒（396人）	17.2	10.4	13.1	40.7
	専門高専短大卒（511人）	12.9	13.7	13.3	39.9
	大学・修士卒（663人）	7.7	10.0	10.6	28.2

データ出所：JILPT「第 2 回若年者の能力開発と職場への定着に関する調査」
図表出所：JILPT（2022）

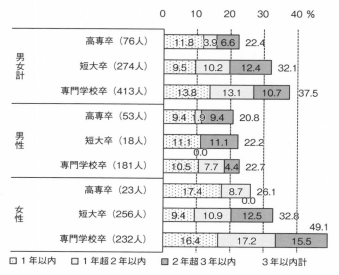

図表 2-7 性・学校種別新規学卒者就職後 3 年以内離職率

		1年以内	1年超2年以内	2年超3年以内	3年以内計
男女計	高専卒（76人）	11.8	3.9	6.6	22.4
	短大卒（274人）	9.5	10.2	12.4	32.1
	専門学校卒（413人）	13.8	13.1	10.7	37.5
男性	高専卒（53人）	9.4	1.9	9.4	20.8
	短大卒（18人）	11.1	0.0	11.1	22.2
	専門学校卒（181人）	10.5	7.7	4.4	22.7
女性	高専卒（23人）	17.4	0.0	8.7	26.1
	短大卒（256人）	9.4	10.9	12.5	32.8
	専門学校卒（232人）	16.4	17.2	15.5	49.1

□ 1 年以内　□ 1 年超 2 年以内　■ 2 年超 3 年以内　　3 年以内計

データ出所：JILPT「第 2 回若年者の能力開発と職場への定着に関する調査」
図表出所：JILPT（2022）

専門学校卒である。専門学校卒の新規学卒者の就職後 3 年以内離職率が高い
のは、彼・彼女らが独立や転職を望ましいとするキャリア観をもつためなの
だろうか。それとも、長期勤続が困難なほど劣悪な就労環境にあるためだろ
うか。JILPT（2022）の第 2 章では、「第 2 回若年者の能力開発と職場への
定着に関する調査」の回答者から、専門学校卒の男女と短大卒女性（比較対
象）とを取り出し、さらに卒業月の翌月までに「初めての正社員勤務先」へ
正社員として就職した「新卒就職者」を分析対象とし、この問いについて検
討を行った。以下ではその結果を紹介しよう。

「第 2 回若年者の能力開発と職場への定着に関する調査」では専門学校卒
者のキャリア観の指標として厚生労働省「若年者雇用実態調査」と同一の
ワーディングによる「望ましい職業生活」を尋ねる設問を設定している。図
表 2-8 は、分析対象者のその設問への回答を図表 2-3 と同様に分類し、キャ
リア観ごとに就職後 3 年以内離職率を性・学歴別に示したものである。専門

図表 2-8　若者のキャリア観[13]別就職後 3 年以内離職率（性・学歴別）

転職・独立への志向性		%	N	p		キャリア目標	%	N	p
専門学校卒男性	一社勤続型	*17.0*	106	*		管理職志向	25.0	76	
	転職・独立型	29.7	74		専門学校卒男性	専門家志向	18.3	60	
	計	22.7	181			独立志向	29.4	17	
専門学校卒女性	一社勤続型	49.4	162			生活重視	18.5	27	
	転職・独立型	48.4	62			計	22.7	181	
	計	49.1	232		専門学校卒女性	管理職志向	49.3	69	
短大卒女性	一社勤続型	30.7	205			専門家志向	55.4	74	
	転職・独立型	42.6	47			独立志向	53.8	13	
	計	32.8	256			生活重視	41.2	68	
						計	49.1	232	
					短大卒女性	管理職志向	*24.1*	112	**
						専門家志向	48.3	58	
						独立志向	−	4	
						生活重視	32.1	78	
						計	32.8	256	

N はケース数。
*** p ＜ .001　** p ＜ .01　* p ＜ .05
※就職後 3 年以内離職率＝ 3 年以内離職者数÷（3 年以内離職者＋ 3 年超離職者＋勤続者）
※「その他」と「特にない」は掲載を控え検定時には除いた。ケース数が 10 以下の場合は％を掲載しない。
※有意かつ「計」の就職後 3 年以内離職率より 5 ポイントを超えて高い場合を網掛、低い場合を斜体＋強調で示した。
※各志向に含まれる選択肢は脚注 10、13 を参照。

データ出所：JILPT「第 2 回若年者の能力開発と職場への定着に関する調査」
図表出所：JILPT（2022）

学校卒男性のうち転職・独立志向が強い者、短大卒女性のうち専門家志向が強い者で離職率が高いことが分かる[14]。

　次に、JILPT（2022）では若者の就労環境が日本的雇用システムの特徴に合致しているか否かを判断する指標として、給与額とその支払われ方、職務の内容／範囲の限定性、長期的な企業内訓練の実施、事業所による長期勤続

13　質問文は「あなたの、現在の、理想とするキャリアコースをお答えください」（勤続者）、「あなたが『初めての正社員勤務先』で正社員として働くことをやめる直前に理想としていたキャリアコースをお答えください」（離職者）。選択肢は厚生労働省「平成 30 年若年者雇用実態調査」の「個人調査」と同じ。「転職・独立への志向性」の類型は、脚注 10 と同じ。「キャリア目標」の類型は「管理職志向」は「いくつかの会社を経験して、だんだん管理的な地位になっていくコース」「1 つの会社に長く勤め、だんだん管理的な地位になっていくコース」を含む。「専門家志向」は「いくつかの会社を経験して、ある仕事の専門家になるコース」「1 つの会社に長く勤め、ある仕事の専門家になるコース」を含む。「独立志向」は「最初は雇われて働き、後に独立して仕事をするコース」。「生活重視」は「1 つの会社で長く勤め、自分の生活に合わせた働き方が選択できるコース」。
14　専門学校卒男性全体の 3 年以内離職率は 22.7％、うち「転職・独立型」の者は 29.7％。短大卒女性全体の 3 年以内離職率は 32.8％、うち「専門家志向」の者は 48.3％。

への期待を取り上げている。そのうち後述の多変量解析によって、専門学校卒者の就職後3年以内離職に影響力を示したのは給与の支払われ方であった。そこで以下では、給与の支払われ方に焦点を絞り詳しく紹介しよう。

　図表2-9には、年間平均昇給額別の就職後3年以内離職率を示した。年間平均昇給額とは、調査時点の平均的な給与額（離職者の場合は離職直前の給与額）と初任給額との差額を、初職入職から調査時点（離職者の場合は離職時点）までの勤続月数で除した上で12倍した値（円／年）であり、分析対象者個人にとって賃金（月給）が勤続に伴い1年あたりでいくら変化したかを示す指標である[15]。男性では年間平均昇給額が「変化なし」の者で離職率が高い。女性では「減額（マイナス）」「変化なし」だけではなく、急激な昇給（「1万円以上／年」）を経験した場合でも離職率が高くなっている[16]。

　これらの分析結果を踏まえ、JILPT（2022）では、専門学校卒の新規学卒者の就職後3年以内離職率に影響を与える要因は、若者のキャリア観なのか

図表 2-9　年間平均昇給額別就職後 3 年以内離職率（性・学歴別）

	専門学校卒男性			専門学校卒女性			短大卒女性		
	%	N	p	%	N	p	%	N	p
計	22.7	181		49.1	232		32.8	256	
減額（マイナス）	－	9		60.0	30		45.0	20	
変化なし	57.5	40		79.7	64		64.6	65	
5千円未満／年	*2.8*	36	***	*10.8*	37	***	*6.9*	72	***
5千〜1万円未満／年	*6.4*	47		*25.0*	48		*17.6*	51	
1万円以上／年	18.4	49		54.7	53		39.6	48	

N はケース数。
*** p＜.001 ** p＜.01 * p＜.05
※就職後3年以内離職率＝3年以内離職者数÷（3年以内離職者＋3年超離職者＋勤続者）
※有意かつ「計」の就職後3年以内離職率より5ポイントを超えて高い場合を網掛、低い場合を斜体＋強調で示した。
※年間平均昇給額の算出式は本文参照。ケース数が10以下の場合は％を掲載しない。
データ出所：JILPT「第2回若年者の能力開発と職場への定着に関する調査」
図表出所：JILPT（2022）

15　あくまで個人の指標であり、「分析対象者が初めて正社員として勤めた会社等がどれだけ年功的に賃金の支払いを組織的にしたか」ではないことに注意。
16　専門学校卒男性の3年以内離職率は22.7％、うち年間平均昇給額「変化なし」は57.5％。専門学校卒女性の3年以内離職率は49.1％、うち、年間平均昇給額「減額（マイナス）」「変化なし」「1万円以上／年」はそれぞれ60.0％、79.7％、54.7％。

就労環境なのかを検討するための二項ロジスティック回帰分析を行った。この分析手法では、様々な要因が互いにもたらす影響力を統制してもなお就職後 3 年以内に離職する確率を上昇／下降させる影響力をもつ要因を特定することができる。結論としては、若者のキャリア観が新規学卒者の就職後 3 年以内離職率を上昇させる効果は短大卒女性にのみ見出された。専門学校卒の新規学卒者の就職後 3 年以内離職率を上昇させる要因は、男女とも、転職・独立を伴う職業生活を望ましいと考える本人の価値観よりも、その就労環境、具体的には、昇給がないことや急激な昇給と引き替えに過酷な労働を求められる状況にあることが明らかになった。特に女性の専門学校卒の場合、給与額が初任給から「減額（マイナス）」された場合や「変化なし」である場合だけでなく、急激な昇給も離職の確率を高める。JILPT（2022）では、その背景を探るために給与の支払われ方と労働時間および職場トラブルとの関係を検討した。その結果、専門技術職以外の専門学校卒女性は、急激な昇給の見返りとして長時間労働、厳しいノルマ、責任が重い労働が課されている可能性が示唆された[17]。

　専門学校卒の早期離職を予防し、そのキャリアを安定させるには、第一に賃金等の基本的な労働条件の問題を解決する必要がある。しかし、専門学校卒の勤務先は公的資金に支えられる医療・福祉分野が多く、その待遇改善には時間がかかる。また、専門学校卒が勤務する事業所は、新卒採用した若年正社員に長期勤続を期待しない傾向がある（図表 2-2）。専門学校卒の若者のキャリア形成を支援するためには、彼・彼女らを雇用する事業所に長期雇用を前提とする雇用管理の改善（勤続に伴い賃金を上昇させること・長期的訓練の実施）を求めることに加えて、より有利な条件を求めて転職を希望する若者に対する支援もより強化する必要がある。

4　大卒者——既卒採用正社員の離職要因——

　大卒者は、男女ともに他の学歴の者に比べて新規学卒者の就職後 3 年以内離職率が低いため（図表 2-1）、雇用の安定性に関しては恵まれているよう

17　なお、比較対象である短大卒女性では、専門技術職が急激な昇給を経験した場合、肉体的・精神的に健康を損ねたことを理由に離職する傾向が示された。

に見える。しかし図表2-1は、あくまで「新規学卒者」のみの就職後3年以内離職率の推移である。新規学卒一括採用の慣行が根強いわが国では、就労経験に乏しい若者が優良な雇用を得る機会は最終学歴修了時に集中する。先述のとおり、卒業後に無業や非正規職を経て正社員になった既卒採用正社員が応募可能な求人には労働条件や就労環境に問題があるものも少なくない。そのため既卒者は、初めて正社員として勤務した会社等において困難を抱え、その結果、新規学卒時に採用された正社員よりも、離職する確率が高くなる可能性がある。JILPT（2022）の第3章では、上記の問題意識に基づき、「第2回若年者の能力開発と職場への定着に関する調査」の回答者から大卒者を新卒者（卒業月の翌月までに正社員へ就職した者）と既卒者（卒業月の翌々月以降に無業や非正規雇用を経て正社員へ就職した者）とに分けて、両者が初めての正社員勤務先を離職する確率に、どのような要因が影響しているのか検討した。以下にその結果を紹介しよう。はじめに、そもそもどのような特徴をもつ大卒者が既卒者として正社員になるのかを検討した。その結果、男性は教育学専攻者[18]、卒業時期が遅れた人、就職したい業界や職業をあまり調べなかった人が、女性は卒業時期が遅れた人、2015年2月までの卒業者[19]、職場での実務を伴うインターンシップ等の学習をあまりしなかった人が、卒業後に無業や非正規雇用を経て正社員になる傾向があることを明らかにした。卒業時期の遅れについては、女性でその影響力が強いことから、結婚・出産による早期離職を懸念した雇用主が、卒業時の年齢が比較的高い（＝入職後まもなく結婚・出産を迎える可能性がある）女性の採用を忌避した可能性を指摘できる。就職したい業界や職業をあまり調べなかった男性や職場での実務を伴うインターンシップ等の学習をあまりしなかった

18　男性の教育学専攻者で、既卒者になる傾向があるのは、在学中に教員採用試験に合格できなかった人の動向を反映しているものと考えられる。

19　JILPT（2022）の第3章では、大学卒業時の年齢が21歳から24歳の者（2007年3月卒～2018年8月（＝調査時点）卒）を分析対象としている。分析にあたって、本章冒頭で述べた世代効果を確かめるために、回答者の卒業時期を苅谷・本田編（2010）を参考に以下の3つに分けた。「ポストロスト期」（2007年3月～2010年2月卒）、「第二ロスト期」（2010年3月～2015年2月卒、世界金融危機（2008～2010年）や東日本大震災（2011年）の影響を受けて労働市場が縮小気味の時代に卒業した世代）、「いざなぎ超期」（2015年3月～2018年8月（調査時点）卒、景気回復による需要増と若年人口の減少による供給不足により、若者の就職状況が良好であった時期）。「2015年2月までの卒業者」は「ポストロスト期」あるいは「第二ロスト期」の者。

女性については、どちらも就職活動自体に積極的になれず卒業までに就職先が決まらなかった結果と考えられる。2015 年 2 月までに卒業した女性については「新しい世代ほど新卒時に正社員へ移行した女性が多い」と解釈できる。図表 2-1 で示したように、大学卒の新規学卒者の就職後 3 年以内離職率は女性の離職率が下がる形で男女差が縮まりつつある。大卒女性の離職率の低下を受けて、新しい世代ほど雇用主が大卒女性の雇用を忌避しなくなった可能性がある。

　次に、既卒者と新卒者の初めての正社員勤務先（における就労状況）の特徴を比較したところ、既卒者の勤務先は、男性では企業規模が 100 人未満、宿泊・飲食サービス業や公務である傾向や、調査時点の給与額が初任給と変わらない傾向、職務内容が特定され職種が変わらない傾向がみられた。女性では、企業規模が 100 人未満、運輸業・郵便業、宿泊飲食サービス業、公務である傾向や、調査時点の給与が初任給より減額された傾向がみられた。男性既卒者を正規雇用する企業は職種を限定し、勤続に伴う昇給をあまり行わない傾向がみられること、女性既卒者を正規雇用する企業は賃金水準が低い上に給与を減額する傾向がみられることは、いずれも日本的雇用システムに適合的ではない雇用管理のあり方である。以上をふまえて、「既卒者は新卒者より初めての正社員勤務先を離職する確率が高い」といえるのか、分析した結果を紹介しよう。

　図表 2-10 は、新卒者と既卒者の就職後 1・3・6 年以内離職率に有意差があるといえるのか検討した結果である。既卒者は新卒者より、男性では就職後 1 年以内の離職率が、女性は就職後 3 年以内と 6 年以内に離職する確率が新卒者より高い。

　さらに、既卒者の離職確率を高める要因が、日本的雇用システムに適合的ではない雇用管理を行う企業等に雇用されたことにあるといえるのか検討した結果を紹介しよう。図表 2-11 へ、新卒者と既卒者における勤続年数別の月給額の分布を示した。女性では、勤続期間が 3 年以内、3 年超 5 年以内の者で、既卒者は新卒者に比べて給与が低いことがわかる[20]。男性は、新卒者

20　勤続期間 3 年以内の女性で月給が 14 万円以内の者は 8.3％、うち既卒者では 19.8％。勤続期間　3 年超 5 年以内の女性で月給が 14 万円以内の者は 6.1％、うち既卒者では 21.2％。

図表 2-10　採用経緯別大卒若年正社員の就職後 1・3・6 年以内離職率
（性・初職入職から調査時点までの期間別）

		男性			女性		
		%	N	p	%	N	p
1 年以内離職率	新卒者	6.8	1,081	**	8.8	800	
	既卒者	13.5	208		12.1	124	
	初職入職から 1 年以内計	7.8	1,289		9.2	924	
3 年以内離職率	新卒者	20.2	918		28.5	632	*
	既卒者	26.5	162		39.6	96	
	初職入職から 3 年以内計	21.1	1,080		29.9	728	
6 年以内離職率	新卒者	31.2	641		51.4	383	*
	既卒者	33.3	87		67.3	52	
	初職入職から 6 年以内計	31.5	728		53.3	435	

N はケース数。
*** p ＜ .001 ** p ＜ .01 * p ＜ .05
※ X 年以内離職率＝初職入職から X 年以内に離職した人÷入職から調査時点まで X 年以上経過した人。
※男性計、女性計の離職率より 5 ポイントを超えて大きい場合は網掛で示した。
データ出所：JILPT「第 2 回若年者の能力開発と職場への定着に関する調査」
図表出所：JILPT（2022）

と既卒者の給与額の分布に統計的に有意な差は見られないが、女性と同様に
既卒者ほど給与が低い傾向がみられる。

　次に、図表 2-12 へ、初任給から 1 年あたりの平均的な昇給額（年間平均
昇給額）の分布を示した。女性では、調査時点（離職者は離職直前）の月給
額が、初任給から「減額された」「変化なし」であった人の比率の合計は、
女性全体より既卒者で大幅に高い[21]。すなわち、既卒者の初めての正社員勤
務先における給与の支払われかたは、日本的雇用システムの特徴の一つであ
る年功賃金（勤続に伴う緩やかな昇給）にはそぐわない。

　次に、長期的視野での企業内訓練が行われる傾向にあったかを新卒者と既
卒者とで比較しよう。JILPT（2022）の第 2 章と第 3 章では、初めての正社
員勤務先が「会社全体で、積極的に従業員を育てていこう（企業内訓練）」
「若いうちは失敗が多くても、将来的に会社の役にたてればいい（長期的視
野）」といった社風にどの程度あてはまるかを[22]、回答者に 5 段階で評価して

21　「減額された」と「変化なし」の％の合計は、女性全体 37.4％、うち既卒者は 46.4％である。
22　質問文は「現在のお勤め先での職業生活を振り返ると、以下の事柄はどの程度あてはまります

図表 2-11 調査時点（離職時点）の月給額（性・採用経緯・勤続期間別）

		男性			p	女性			p
		新卒者	既卒者	計		新卒者	既卒者	計	
3 年以内	14 万円以下	6.7	10.0	7.4		6.0	19.8	8.3	**
	15〜19 万円	32.3	24.5	30.6		38.1	33.3	37.3	
	20〜24 万円	41.9	41.8	41.9		42.6	*37.0*	41.7	
	25〜29 万円	12.8	10.9	12.4		8.3	7.4	8.1	
	30〜39 万円	3.4	6.4	4.1		4.3	2.5	4.0	
	40 万円以上	3.0	6.4	3.7		0.8	0.0	0.6	
	N	406	110	516		399	81	480	
3 年超 5 年以内	14 万円以下	4.8	2.6	4.4		3.6	21.2	6.1	***
	15〜19 万円	15.3	23.7	16.7		31.3	27.3	30.7	
	20〜24 万円	42.3	42.1	42.3		41.5	*21.2*	38.6	
	25〜29 万円	20.1	26.3	21.1		19.0	18.2	18.9	
	30〜39 万円	10.1	5.3	9.3		2.6	9.1	3.5	
	40 万円以上	7.4	0.0	6.2		2.1	3.0	2.2	
	N	189	38	227		195	33	228	
5 年超	14 万円以下	2.0	2.5	2.1		2.3	4.2	2.5	
	15〜19 万円	6.6	13.8	7.5		17.5	33.3	18.9	
	20〜24 万円	27.4	33.8	28.2		42.4	20.8	40.6	
	25〜29 万円	26.5	22.5	26.0		23.3	20.8	23.1	
	30〜39 万円	17.3	17.5	17.3		6.6	8.3	6.8	
	40 万円以上	20.2	10.0	18.9		7.8	12.5	8.2	
	N	544	80	624		257	24	281	

単位は％、N はケース数。
*** p＜.001 ** p＜.01 * p＜.05
※離職者は離職時点、勤続者は調査時点の金額。月ごとに異なる場合は平均的な金額を回答。年俸制の場合は賞与を除く一ヶ月あたりの金額。千円以下切り上げ。初職の会社で正社員以外の労働者へ転換した場合は「離職」とみなし転換直前の給与について回答。
※有意かつ「計」の％より 5 ポイントを超えて大きい場合は網掛、小さい場合は斜体＋強調で示した。
データ出所：JILPT「第 2 回若年者の能力開発と職場への定着に関する調査」
図表出所：JILPT（2022）

もらい、それぞれの回答を得点化したものを長期的視野での企業内訓練が行われる傾向の指標として用いている。図表 2-13 へ、大学卒について新卒者と既卒者の平均値を比較した結果を示した。「会社全体で積極的に従業員を

か」（勤続者）、「初めての正社員勤め先で正社員として送った職業生活全体を振り返ると、以下の事柄はどの程度あてはまりますか」（離職者）。

図表 2-12　年間平均昇給額の分布詳細（性・採用経緯別）

			新卒者		既卒者		計		p
男性	減額された		26.1	(6.1)	32.5	(6.1)	27.1	(6.1)	
	変化なし			(19.9)		(26.3)		(21.0)	
	昇給した	5千円未満／年	32.2	(13.3)	26.8	(8.3)	31.3	(12.5)	
		5千～1万円未満／年		(18.9)		(18.4)		(18.8)	
		1万円以上／年	41.7		40.8		41.6		
	計		100.0		100.0		100.0		
	N		1,139		228		1,367		
女性	減額された		36.0	(10.5)	46.4	(14.5)	37.4	(11.0)	*
	変化なし			(25.5)		(31.9)		(26.4)	
	昇給した	5千円未満／年	35.6	(16.6)	32.6	(15.9)	35.2	(16.5)	
		5千～1万円未満／年		(19.0)		(16.7)		(18.7)	
		1万円以上／年	28.4		*21.0*		27.4		
	計		100.0		100.0		100.0		
	N		851		138		989		

単位は％、Ｎはケース数。
*** p ＜ .001 ** p ＜ .01 * p ＜ .05
※丸括弧内は内訳。
※年間平均昇給額の算出式は本文 66 ページを参照。
※有意かつ「計」の％より５ポイントを超えて高い場合を網掛、低い場合を斜体＋強調で示した。
データ出所：JILPT「第２回若年者の能力開発と職場への定着に関する調査」
図表出所：JILPT（2022）

図表 2-13　長期安定雇用・長期育成の社風へのあてはまり度
　　　　　　（性・採用経緯別）

		男性			女性		
		新卒者 （1,139 人）	既卒者 （228 人）	p	新卒者 （851 人）	既卒者 （138 人）	p
「会社全体で、積極的に従業員を育てていこう」という雰囲気がある	平均値	3.1	3.0		3.2 ＞	2.9	**
	標準偏差	1.13	1.24		1.18	1.29	
「若いうちは失敗が多くても、将来的に会社の役にたてればいい」という雰囲気がある	平均値	3.1	3.0		3.1 ＞	2.8	*
	標準偏差	1.09	1.18		1.18	1.18	
短期間に何人もの従業員が次々と辞めていく	平均値	3.0	3.0		3.2	3.3	
	標準偏差	1.25	1.32		1.32	1.29	

*** p ＜ .001 ** p ＜ .01 * p ＜ .05
※「あてはまる」＝ 5、「ややあてはまる」＝ 4、「どちらでもない」＝ 3、「ややあてはまらない」＝ 2、「あてはまらない」＝ 1 に換算。
※異なるグループ間の平均値の差の検定。有意差が認められた場合、高い方の値を網掛で示した。
データ出所：JILPT「第２回若年者の能力開発と職場への定着に関する調査」
図表出所：JILPT（2022）

育てていこうという雰囲気がある（企業内訓練)」と、「若いうちは失敗が多くても、将来的に会社の役にたてればいいという雰囲気がある（長期的視野)」の平均値は女性では既卒者が新卒者より有意に低く、女性既卒者は、若者に長期勤続を期待せず、長期的視野での教育訓練をしない傾向の会社等に雇用されがちであることが分かる。

　最後に、これらの要因が互いに及ぼす影響力を統制してもなお、既卒者の離職確率を高める影響力を持つといえるのか、二項ロジスティック回帰分析を行った[23]。その結果、男女ともに昇給がないことが、女性ではそれに加えて急激な昇給や「会社全体で、積極的に従業員を育てていこう」とする社風が弱いことが、既卒者の離職確率を高めることが明らかになった。すなわち、既卒者として正社員になることは、日本的雇用システムに適合的ではない会社等に就職する確率を高め、さらにそうした会社等に就職することは、既卒者の離職確率を高めると結論付けることができる。大卒者にとって、新卒時に円滑に正社員へと移行できなかったことは、たとえその後無業や非正規職を経て正社員になれたとしても、その勤務先での給与の支払われ方、そして女性にとっては職場の訓練体制が長期的視野にないことなどを通して、結果的に就労継続を難しくさせている。非正規や無業の若者を正社員へ導く支援は若者に対する雇用支援の一つの目玉であるが、正社員へ移行した後の待遇（給与や訓練体制）についても、特に既卒採用正社員として就職した場合には、継続的な支援が必要になると考えられる[24]。

第4節　まとめと今後の展望

　冒頭でも述べた通り、若年者の早期離職には、若年者にとって不利な面と有利な面がある。前者は、就労経験や訓練経験が十分に得られないまま求職者となるため、再び安定した雇用を得ることが困難になることであり、後者

23　本分析では3年以内離職に限定せず、初職離職有無ダミー（離職＝1、勤続＝0）を従属変数とする。
24　JILPT（2022）の第4章では、就職氷河期を経て、既卒者として就職した者が、新卒時に正社員に移行できた若年者に比べて不利を被っている現状について言及しているので、そちらも参照されたい。

は、条件のあわない職場からキャリアアップし、よりよい環境で働くことにつながることである。

　本章で紹介したJILPT（2022）による研究成果では、高卒、専門学校および短大卒、大卒という異なる学歴の若者たちをとりあげ、それぞれに特徴的な早期離職に関わるキャリア形成上の課題を検討した。そのうち、高卒の早期離職者や大卒の既卒採用正社員に関する研究は、安定した長期勤続を望ましいものとする視点からの研究である。高卒者は一つの会社に長期間働くことを希望している者が多いにもかかわらずその離職率は高く、人生経験が浅いため、社会ネットワークの確保や長期的な視点での転職ができない。そのため、人生経験の浅さを補うために、キャリア形成について在学時から積極的な支援が必要となる。大卒者は、既卒者として就職して正社員になれたとしても、彼・彼女らの職場は給与の待遇や訓練体制に問題があり、離職する傾向が高まる。そのため、既卒者が離職しやすい特徴を持つ事業所に対して、既卒者の給与面や訓練体制の面で支援をしていく必要がある。一方、新規学卒就職後3年以内に離職した専門学校卒者や短大卒者に関する研究では、若者自身が転職や独立を伴う職業生活を肯定的に捉えており、キャリアアップのために早期離職している可能性を検討した。分析の結果、専門学校卒者については当初想定していたキャリアアップのための離職は確認できなかった。しかし比較対象として分析した短大卒女性については、専門家志向のキャリア観を持つことが、離職確率を高めることが分かった。短大卒女性は専門家としてのキャリアを形成するためならば転職も辞さないという考えを持っている可能性がある。

　これらの分析結果から、若年労働者への支援は、長期勤続を希望する者のために企業による長期的訓練等を推進するための「事業主支援」を強化するとともに、キャリアアップや就労条件の改善を目的に転職を希望する若者を支援することも必要であるということが明らかになった。さらに、JILPT（2022）では、大卒者や専門学校卒者を対象とした分析において、給与の支払われ方が離職[25]に影響を与えていたことが明らかにされた。これまで若者

25　専門学校卒者では3年以内離職、大卒者では既卒者の在職期間を問わない離職。

の労働に関する研究において、給与の面からのアプローチは十分になされて
こなかったため、若者の労働研究——その中でも早期離職に関する研究につ
いて新たな知見を加えることができたといえよう。

　今後の展望としては、本報告書で用いられた調査（「第 2 回若年者の能力
開発と職場への定着に関する調査」）に残されたいくつかの課題を克服する
ことが挙げられる。一つ目は、調査範囲が狭く、若年労働者の実態を十分に
とらえられていないことである。「第 2 回若年者の能力開発と職場への定着
に関する調査」では正社員経験がある者のみが調査対象であるが、正社員経
験のある者は若者の一部に過ぎず、若者の母集団には正社員経験がない者も
おり、さらにその中には将来正社員になる者も含まれている。そのため、今
後、若者のキャリア全体に関する研究を行う際には、卒業後正社員を経験し
たことがない無業者や非正社員にまで調査範囲を拡大する必要があるだろ
う。二つ目は、早期離職者のキャリアについて、最初の就職先と回答時点の
2 時点のみを尋ねるにとどまっており、その間のプロセスが明らかにできな
い点である。より詳細に若者のキャリアを追うのであればパネル調査（調査
対象者を固定化し、任意の期間に同じ質問を繰り返す調査）を行うことが理
想であろう。三つ目は、就職する前の状況について詳しく尋ねられていない
点である。若年者にとって、就労前の学校での生活や家庭環境など個人的要
因が離職に与える影響は十分考えられるため、こうした情報の収集も求めら
れる。

　若者のキャリア研究は、早期離職を切り口にして、在学時から職場定着ま
で調査すべきライフコースを広げることで解決できる問題や、教育段階と連
結させて考える必要がある問題へと広がる可能性を持っている。今後は、上
記のような調査上の課題を克服し、調査・研究を継続的に行うことにより、
さらなる若年者への支援が目指されるべきであろう。

＜参考文献＞

石田賢示, 2014,「学校から職業への移行における「制度的連結」効果の再検討——初職離職リス
　クに関する趨勢分析——」『教育社会学研究』第 94 号, pp. 325-344.

市川恭子，2015，「若年大卒女性の早期離職に関する実証分析」『生活社会科学研究』第22号，pp. 31-46.

大竹恵子，2013，「介護労働者の早期離職に関わる要因：リアリティ・ショックの視点から」『同志社政策科学研究』第15号第1巻，pp. 151-162.

太田聰一，1999，「景気循環と転職行動」中村二朗・中村恵編著『日本経済の構造調整と労働市場』日本評論社，pp. 13-42.

尾形真実哉，2015，「若年就業者の組織適応と不適応を分ける要因に関する実証研究」『甲南経営研究』第56号第2巻，pp. 57-92.

片桐麻希・坂江千寿子，2016，「新卒看護師の離職理由と就業継続に必要とされる支援内容に関する文献検討」『佐久大看研誌』第8号第1巻，pp. 49-59.

苅谷剛彦・本田由紀編，2010，『大卒就職の社会学——データからみる変化』東京大学出版会。

黒澤昌子・玄田有史，2001，「学校から職場へ——「七・五・三」転職の背景」『日本労働研究雑誌』第490号，pp.4-18.

玄田有史，1997，「チャンスは一度——世代と賃金格差」『日本労働研究雑誌』第449号，pp. 2-12.

小杉礼子，2017，「早期離職後の職業キャリア」労働政策研究・研修機構編『「個人化」される若者のキャリア』労働政策研究・研修機構，pp. 119-138.

小林徹・梅崎修・佐藤一磨・田澤実，2014，「大卒者の早期離職とその後の転職先：産業・企業規模間の違いに関する雇用システムからの考察」『大原社会問題研究所雑誌』第671・672号，pp. 50-70.

小林美希，2008，『ルポ"正社員"の若者たち——就職氷河期世代を追う』岩波書店。

近藤絢子，2008，「労働市場参入時の不況の長期的影響——日米女性の比較分析」『家計経済研究』第77号，pp. 73-80.

今野晴貴，2012，『ブラック企業 日本を食いつぶす妖怪』文春新書。

————，2015，「若年雇用における雇用制度の機能不全——労務管理戦略の変質を中心に」『学術の動向』第20号第9集，pp. 9_32-9_37.

佐藤一磨，2009，「学卒時の雇用情勢は初職離職後の就業行動にも影響しているのか」樋口美雄・瀬古美喜・照山博司・慶應‐京大連携グローバル COE 編『日本の家計行動のダイナミズム 5』pp. 81-104.

竹石聖子，2013，「若手保育者の職場への定着の要因：早期離職の背景から」『常葉大学短期大学部紀要』第44号，pp. 105-113.

玉木博章，2020，「指導主体としての保育士・幼稚園教諭のキャリア形成に関する研究（4）‐離職と転職に直面する心理的葛藤に生じるジェンダー観と勤労観に着目して」『瀬木学園紀要』第16集，pp. 83-93.

————，2022，「指導主体としての保育士・幼稚園教諭のキャリア形成に関する研究（7）‐転職・休職後の心理におけるジェンダー観・恋愛観・若者文化に着目して」『日本福祉大学子ども発達学論集』第14集，pp. 51-74.

藤本昌代，2012，「高流動性社会における就業制度と高学歴者の転職行動：米国シリコンバレーのフィールドワーク調査より」『同志社社会学研究』第16集，pp. 17-36.

————，2017，「フランスの就業構造と高学歴者のキャリア：学歴インフレと不平等」『同志社社会学研究』第21集，pp. 1-24.

————，2020，「高学歴者・ホワイトカラー増加社会への職業社会学的アプローチ」『学術の動向』第25号第6巻，pp. 6_78-6_81.

古川和稔，2010，「介護福祉士の早期離職に関する質的研究」『自立支援介護学』第3号第2巻，pp. 78-85.

前田佐恵子・濱秋純哉・堀雅博・村田啓子，2010，「新卒時就職活動の失敗は挽回可能か?—家計研パネルの個票を用いた女性就業の実証分析」『ESRI ディスカッションペーパーシリーズ』234.

森本美佐・林悠子・東村知子，2013，「新人保育者の早期離職に関する実態調査」『紀要』，第44集，pp. 101-109.

中澤渉，2011，「分断化される若年労働市場」佐藤嘉倫・尾嶋史章編『現代の階層社会 [1] 格差と多様性』東京大学出版会，pp. 51-64.

山本圭三・吉田佐治子・栢木紀哉・西岡暁廣・野々村元希，2020，「高度専門職における早期離転職問題に関する計量研究の試み—看護職に注目した検討—」『摂南大学地域総合研究所報』第5集，pp. 58-70.

JILPT，2016，『若年者のキャリアと企業による雇用管理の現状：「平成25年若年者雇用実態調査」

より』JILPT　資料シリーズ No.171.
————，2017，『若年者の離職状況と離職後のキャリア形成（若年者の能力開発と職場への定着に関する調査）』JILPT　調査シリーズ No.164.
————，2019，『若年者の離職状況と離職後のキャリア形成Ⅱ（第 2 回若年者の能力開発と職場への定着に関する調査）』JILPT　調査シリーズ No.191.
————，2020，『若年者の離職状況と離職後のキャリア形成Ⅱ（第 2 回若年者の能力開発と職場への定着に関する調査ヒアリング調査）』JILPT　資料シリーズ No.221.
————，2021，『若年者のキャリアと企業による雇用管理の現状「平成 30 年若年者雇用実態調査」より』JILPT　資料シリーズ No.236.
————，2022，『非典型的キャリアをたどる若者の困難と支援に関する研究』労働政策研究報告書 No.214.

第3章 好景気下におけるフリーター像の変化とスキル形成

小黒　恵

第1節　はじめに

　本章では、好景気下でフリーターとなる若者について、不況下でのフリーター像からどのように変化したかを描き出す。また、その変化をふまえ、特に職業的スキル形成に着目して、フリーター経験が彼らのキャリアの中でどのように位置づけられるようになったのかを検討する。分析に際しては、労働政策研究・研修機構の「若者のワークスタイル調査」（2001 年、2006 年、2011 年、2016 年、そして 2021 年の 5 時点）によって得られたデータと知見を軸として用いる。加えて、2021 年の第 5 回ワークスタイル調査に先じて 2020 年に行われたフリーターへのインタビュー調査のデータも用いる[1]。

　フリーターという言葉が作られ、人口に膾炙するようになった 1980 年代から 1990 年代前半までは、好景気を背景として、元来フリーターという造語に込められた意味どおり、フリーターは本人の意思による選択として大きく問題化されなかった。しかし 2000 年代になると、玄田（2001）が、中高年大卒ホワイトカラーの失業よりも、若年中卒・高卒者の失業問題のほうが相対的に深刻であることや、正社員とフリーターの労働時間・仕事内容の格差が拡大していることを指摘した。こうした文脈の中で、フリーターは、不況を背景とした主に高卒無業者の問題として社会問題化されてきた。

　しかし、1990 年代から続いた不況は、2002 年初めを底として拡大期に転じ（「いざなみ景気」）、その後、2008 年のリーマンショックや東日本大震災

1　議論を先取りすると、フリーター像の変化には、景気の変動に加え、サービス産業化という産業構造の変化が大きく影響していると考えられる。第 1 回〜第 5 回ワークスタイル調査はよりサービス業化が進んでいる東京都を対象とした調査であり、こうした変化が観察されやすいであろう点に留意する必要がある。なお、2020 年のインタビュー調査の対象者は、三大都市圏が 8 名、地方部が 12 名という内訳である。

の影響を受けて景気は落ち込んだが、2012 年末から 2020 年のコロナ禍発生までは長期の好況が続いていた。このように、2000 年代の景気変動は、後退期を挟みながらもおおむね拡大期であったといえ、正社員へと移行しやすい状況が続いた。さらに、詳細は後述するが、高学歴化の進行や高等教育の多様化、産業構造の変化に加え、若者の職業や働き方に対する意識も変容するなかで、かつて語られていた「不況下の高卒無業者」というフリーター像は劇的に変化した。本章で議論するのは、フリーターはもはやかつてのような「学校から仕事への移行の失敗」の帰結ではなくなってきているということである。

　本章の構成は以下のとおりである。まず第 2 節で、1990 年代から 2000 年代初めまでの不況下のフリーター像がどのようなものであったかをレビューしながら、景気の好転と高学歴化の進行によって生じた変化について述べる。続いて第 3 節で、フリーター像の変化と深く関わっていると考えられる社会の変化について、サービス産業化を中心とする産業構造の変化と、若者の働き方に対する意識の変容に着目して整理する。第 4 節以降では、第 3 節までで述べた社会の変化をふまえて、近年のフリーター像がどのようなものに変容したのかを検討していく。第 4 節で着目するのは、これまで論じられてきたフリーター類型から、新たに高階層フリーターとでもいうべき「ステップアップ型」のフリーターが顕在化したことである。第 5 節では、社会の変化とそれを受けたフリーターの変容が生じるなかで、若者のキャリアや職業的スキルの形成にとって、フリーター期間がどのような意味を持つようになっているのかを検討する。そして第 6 節では、第 5 節までの議論を受け、今後、フリーターという働き方をどのように捉えていけばよいのかを考察し、締めくくりとする。

第 2 節　「移行の失敗」としての「高卒フリーター」像の変化

　フリーターの定義はさまざまであるが、本章では、小杉（2003）や太郎丸編（2006）を参考にし、「15〜34 歳で学生でも主婦でもない人のうち、パートタイマーやアルバイトという名称で雇用されている者、および無業でそう

した形態で就業したい者」とする。ただし、本章で主に用いる「若者のワークスタイル調査」は、2001年、2006年、2011年調査が20〜29歳、2016年および2021年調査が25〜34歳を対象としており、加えて無業者は分析対象に含まれないため、本章の分析が上記の定義をすべて満たしているわけではない。なお、2020年のインタビュー調査は、20〜29歳が対象となっている。

　フリーターに関する議論は、景気が後退した1990年代後半から、若年非正規雇用・無業の問題として進められてきた。そこで議論されてきたのは、高卒就職システムの機能不全や高校からの正社員への移行の失敗といったように、「フリーター＝高卒無業者」という構造を前提とした問題のあり方であった。例えば粒来（1996）は、高卒無業者の析出メカニズムに着目し、成績下位の生徒が就職や進学の推薦を得られないというメリトクラティックなメカニズムだけでなく、成績は中程度だがそれゆえに進路選択の決め手に欠け、進路が収斂しないという非メリトクラティックな構造があることを指摘した。加えて粒来は、普通科の進路多様校は職業科に比べて無業者を析出しやすいことを示している。普通科の進路多様校では、職業科よりも進路選択が収斂しにくく、進路選択遅延者への進路指導が届きにくいことに加え、企業と学校との継続的な関係が薄いため、就職実現度も低いからである。ここで問題として挙げられているのは、高校主導の進路決定システムが一部の学校で機能しなくなっていることである。これは、それまで高校が一手に引き受けてきた高校生の進路決定システムが機能不全に陥り、高校から仕事への「移行の失敗」の帰結として高卒無業者が生じている、という構図にほかならない。

　それでは、好景気下で、こうしたフリーター像はどのように変容したのだろうか。景気の影響に加え、非常に重要であると考えられるのが、高学歴化の進行である。高卒フリーターの議論が盛んであった時期にも、大卒フリーターが問題化しはじめているという指摘は存在していた。例えば小杉（2003）は、前述した1990年代初めの景気後退期において、新規大卒者への労働力需要の低下や大卒者の供給量増加を背景として、大卒フリーターが増加したことを明らかにした。なお、大卒フリーターについても、就職活動をしなかったケースや公務員・教員試験に失敗したケースが挙げられていたり、イ

ンターネット経由の就職活動の難しさが指摘されていたりと、大学から正社員ルートへの「移行の失敗」という文脈でフリーター問題が語られている点は同じである。

　労働政策研究・研修機構（2022）は、ワークスタイル調査を通じ、景気が拡大期に転じた 2000 年代では、好況を背景として離学後の正社員割合は上昇を続け、正社員になりやすくなっていることを示している。この状況下で、詳細は後述するが、新卒時に正社員として採用されなかったことを理由としてフリーターになる割合は減少しており、フリーターはかつてのような学校から仕事への「移行の失敗」という枠組みでは捉えづらくなった。他方、大卒者の供給量増加、すなわち高学歴化の進行はますます顕著になってきた。結果として昨今のフリーターは、かつての「高卒フリーター」という像では語れなくなっている。労働政策研究・研修機構（2019）によると、就業構造基本調査のデータでは、2002 年時点でフリーターに占める大卒者割合は男性 14.8％、女性 8.5％であったのが、2017 年では男性 21.8％、女性 16.0％まで増加している。

　本章で用いる若者のワークスタイル調査はフリーター経験者を対象としている、すなわち必ずしも現職がフリーターではない点でやや対象が異なっており、また、東京都の若者を対象とした調査であることから、さらに高学歴化の影響が表れやすくなっている。図表 3-1 は、フリーター経験者の学歴構成を、第 1 回〜第 5 回までの調査すべてに共通する 25〜29 歳について、5時点間で比較したものである[2]。図表を見ると、2001 年調査ではフリーター経験者の 4 割以上が高卒であったが、2021 年調査では高卒者の割合は 2 割未満まで減少し、代わって大学・大学院卒が 4 割強を占めている。

2　2001 年調査については、ウェイトバックを行っているため、小数点を切り捨ててある。具体的には、フリーターと非フリーターを別々にサンプリングし、都内在住の若者を代表するデータとして取り扱うため、就業構造基本調査・国勢調査から都内の性別・年齢別にフリーター・非フリーターの数を算定して母集団とし、回収サンプルを母集団の構成比に応じてわりもどす処理を行っている。母集団の推計方法やウェイト値の詳細については、日本労働研究機構（2001）p.13 を参照されたい。以降の図表においても同様である。

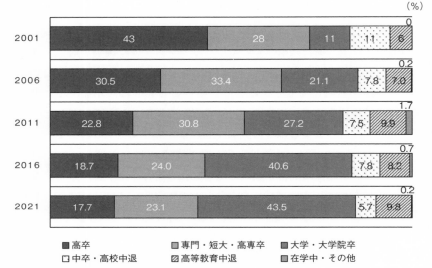

図表 3-1　フリーター経験者の学歴構成の推移（25-29歳）

年	高卒	専門・短大・高専卒	大学・大学院卒	中卒・高校中退	高等教育中退	在学中・その他
2001	43	28	11	11	6	0
2006	30.5	33.4	21.1	7.8	7.0	0.2
2011	22.8	30.8	27.2	7.5	9.9	1.7
2016	18.7	24.0	40.6	7.8	8.2	0.7
2021	17.7	23.1	43.5	5.7	9.8	0.2

出所：労働政策研究・研修機構（2022）をもとに作成

第3節　フリーターをとりまく社会の変化

　本節では、不況下のフリーター像から今日のフリーター像への変化を描き出すにあたって、重要であると考えられる社会の変化について触れておく。

　第一に、サービス産業化という産業構造の変化である。Bell（1973=1975）は、1970年代のアメリカをルーツとして、経済活動の重心が製品からサービスへと移行し、技術的知識を中心とした新たな技術や経済成長が生じる「脱工業化社会」という区分を提唱した。現代では、1980年以降、製造業の後退に伴い、雇用の増加はサービス業に頼ることとなった。その中で、技術変化[3]、女性の労働力参加[4]、有償ケア労働の重要性の高まりといった要因に

3　具体的には、機械化や情報技術の発展に伴って製造業セクターを縮小させ、学術研究や専門・技術サービスセクターの拡大をもたらす。

4　女性労働者の増加に伴い、家庭におけるタスクの市場化が促進される。これが育児や介護といった有償ケア労働の重要性を高めることに加え、少子高齢化の進行に伴い、介護の重要性が急速に高まっており、医療・福祉サービスセクターが拡大する。

よって、サービス産業が労働者の状況や雇用関係のあり方を主として左右する「サービス産業化」が進行している（長松 2016）。

　Esping-Andersen（1993）によれば、脱工業化社会における産業セクターは大きく「フォーディズム体制に結びついた従来型産業」と「脱工業化社会におけるサービス業」に分類され、後者はさらに「ビジネスサービス」、「消費者サービス」、「社会サービス」の 3 つに分類される。「フォーディズム体制に結びついた従来型産業」は、標準化された大量生産・大量消費という体制に結びつく産業で、製造業や公益事業・通信などの経済的インフラのほか、モノの生産に付随する卸売・小売といったサービス業などを指す。「脱工業化社会におけるサービス業」は、社会の生産・再生産体制の変化に伴って成長する。「ビジネスサービス」は、金融保険、学術研究・専門・技術サービス、情報サービス、インターネット付随サービス、映像・音声・文字情報制作など、技術的知識の重要性の高まりによって成長する産業である。「消費者サービス」は、宿泊飲食サービスや生活関連サービス娯楽など、女性の労働力参加や家庭の稼得力上昇に伴い、余暇の消費に関連する再生産活動が市場で商品化したものを指す。「社会サービス」は、女性の労働力参加や核家族化に伴い、世帯員のケアに関わる再生産活動が外部化したもので、教育・学習支援や医療福祉などがこれにあたる。

　長松（2016）によると、日本は従来型産業、特に製造業の割合が比較的高いものの、1990 年代以降は減少し続けており、産業全体として男女ともブルーカラー職が減少し、専門・技術職やサービス・保安職が増加している。技術変化や女性の労働力参加、高齢化とケア労働の必要性の高まりといった社会の変化に鑑みて、サービス業が成長する余地が大きいのである。また、その中で大きな役割を果たす「社会サービス」においては、1980 年代後半以降、女性就業者や専門・技術職の増加が顕著で、仕事の技能水準も高く、女性が正規雇用で働きやすい一方で、コスト減や雇用の柔軟性追求のため、不安定な有期雇用が広がっていることが指摘されている。さらに、「社会サービス」と同様に就業者が増加している「消費者サービス」では、仕事の技能水準が低く、パート・アルバイトの比率が高くなっているという。「消費者サービス」が拡大するにつれ、不安定かつ低賃金のパート・アルバイト

が増加し、一方で少数の正規労働者の労働時間が長期化するという形で、仕事の質の低下が生じているのである。

　若者の正規雇用に着目して分析を行った第1章では、女性が男性と同程度の収入を得られるのは「社会サービス」だけであることから、高等教育卒の女性がますます「社会サービス」に流入することや、「ビジネスサービス」における専門技術職の比率は男女とも増加し、男女差が縮小していることが示されている。加えて興味深いのは、サービス業のセクターごとに能力開発のあり方が異なっていることだ。具体的には、「ビジネスサービス」では正社員に対する採用時の要求水準が高く、訓練環境が整備されているのに対し、「社会サービス」や「消費者サービス」では、入職前の職業資格取得を重視しており、若者の長期勤続を期待していない。

　第二に、正社員／非正社員という働き方やキャリアをめぐる若者の意識の変化である。まず、若者全体について、2001年から2016年まで若者の職業意識は「堅実化」し続けていたが、2021年にかけて反転しており、一つの企業に長く勤めるほうがよいと考える一社志向が減少し、できれば仕事はしたくないという仕事離れが進んでいる（労働政策研究・研修機構 2022）。この一社志向の減退は、正社員にも当てはまる。第2節で触れたように、景気の好転により、2000年代では離学後の正社員割合が上昇を続け、正社員になりやすい状況が続いている。一方で、これは正社員として新卒時に就職した会社に定着することを意味せず、正社員として転職するケースや、一時的な非正規雇用を含めて転職を経験する正社員が増加した。正社員として一社定着する者は、転職経験者に比べて大企業勤務が多い傾向が長期的に続いているが、2021年調査では、20代後半の男性において、転職経験者の大企業勤務が増加して両者の差が縮まっており、こうした転職傾向に影響していると考えられる。特に20代後半の年齢層では、正社員として一社に定着するケースの増加が止まっている。

　正社員の意識にも変化が生じており、転職せず新卒時に就職した企業に定着している正社員について、現職への「気持ち」が否定的な方向に変化している。その背景として、上述のような若者全体の仕事に対する意欲の低下や忌避感の高まり、周囲に転職者が増加したことによる「自分に向いている仕

事がわからない」という迷いの発生、そしてその中で仕事のやりがいや勤務
先でのキャリアへの見通しを持ちづらくなっていることが仮説的に提示され
ている。

　さらに、男性において、非正規雇用から正社員になる者の割合が減少に転
じていた。この傾向について若者の意識を検討すると、非正規や無業で働き
続ける者は、うつや障害などの働きづらさを感じる心身の状況を抱えるケー
スもある一方、本人があえて正社員ではない働き方を選んでいる面も見られ
たのである。具体的には、正社員に移行せず非正規雇用や無業を続ける層
は、「やりたい仕事なら正社員でもフリーターでもこだわらない」と思う傾
向にあり、また雇用によらない独立した働き方に対して肯定的な意識を持っ
ている。すなわち、正社員になりやすい状況下で、それでも正社員になれな
かった者が非正規雇用や無業とならざるを得ないケースもあるが、あえて正
社員ではない働き方を選ぶケースも生じてきているのだ。フリーターから正
社員になろうとした割合が減少傾向にあることも、こうした変化の一環と捉
えられるだろう。

　総じて、今日の若者のキャリアは、かつてのような「正社員になれた／正
社員ルートへの移行に失敗した」という単純な枠組みでは語れなくなってき
ていると考えられる。正社員として労働市場に入ったとしても、正社員とし
て一つの企業に勤続することが至上ではなくなり、転職者と比較して意欲や
やりがいが低下していたり、キャリアへの迷いを持っていたりする。また、
正社員に移行しないことが必ずしも「したくてもできない」ことを意味しな
くなり、正社員ではない働き方を肯定的に捉え、非正規や無業として働き続
けるケースが生じている。その背後には、若者全体の「堅実化」傾向のゆら
ぎや仕事離れなど、働くことに対する意識の変化が見受けられるのである。

　本章で論じるフリーター像の変化は、景気の好転、高学歴化、高等教育の
多様化などの要因に加え、本節で論じたような産業構造の変化、正社員／非
正社員という働き方やキャリアをめぐる若者の意識の変容といった社会的変
化を背景として生じていると考えられる。

第4節　高階層フリーター「ステップアップ型」の顕在化

　本節では、まず、フリーターの変化のうち大きなポイントとなる新たなタイプのフリーター、「ステップアップ型」フリーターの顕在化とその特徴について、前節までで触れた社会の変化と結びつけて論じる。

　ひとくちにフリーターといっても、フリーターになった理由や経緯によってその実態は一様ではなく、先行研究でもそれをふまえた検討が行われてきた。先行研究で一貫して用いられてきたのが、日本労働研究機構（2000）が、1999年に現職フリーターおよびフリーター経験者を対象として行ったインタビュー調査をもとに作成したフリーター類型である。それぞれの類型の特徴は、図表3-2に示したとおりである。

　多くの先行研究でこの3類型が参照され、質問紙調査やインタビュー調査から、類型ごとにフリーターの働き方や意識、キャリアなどの比較検討が行われてきた。各類型に対応する質問項目をどのように設定・定義するかは研

図表 3-2　フリーターになった理由にもとづくフリーターの類型

モラトリアム型

（1）離学 モラトリアム型	職業や将来に対する見通しを持たずに教育機関を中退・修了し、フリーターとなったタイプ
（2）離職 モラトリアム型	離職時に当初の見通しがはっきりしないままフリーターとなったタイプ

夢追求型

（3）芸能志向型	バンドや演劇、俳優など、芸能関係を志向してフリーターとなったタイプ
（4）職人・フリーランス志向型	ケーキ職人、バーテンダー、脚本家など、自分の技能・技術で身を立てる職業を志向してフリーターとなったタイプ

やむを得ず型

（5）正規雇用志向型	正規雇用を志向しつつフリーターとなったタイプ、特定の職業に参入機会を待っていたタイプ、および比較的正社員に近い派遣を選んだタイプ
（6）期間限定型	学費稼ぎのため、または次の入学時期や就職時期までといった期間限定の見通しを持ってフリーターとなったタイプ
（7）プライベート・トラブル型	本人や家族の病気、事業の倒産、異性関係などのトラブルが契機となってフリーターとなったタイプ

出所：日本労働研究機構（2000）

究によって異なっている。本章で用いている「若者のワークスタイル調査」の分析では、フリーターになった理由について複数項目を選択する形式の質問を用い、回答の組み合わせをもとに、「モラトリアム型」、「夢追求型」、「やむを得ず型」を作成してきた。複数の項目の選択パターンを組み合わせて作成するこの分類について、恣意的で複雑であるという批判（本田 2005）や、そうした批判を受け、フリーターになった理由として最も大きなもののみを基準として 3 類型を作成した研究（小林 2006）も見られる。しかし、本稿では、たとえば「やりたいことがある」といった正当性のありそうな理由が第一に挙げられていても、その背後に自由・気楽・気軽といったフリーター的な意識が表れてくるという小杉（2003）の指摘をふまえ、一つの大きな理由ではなく、複数の意識の組み合わせを重視する立場をとる。よって、日本労働研究機構（2001）から継続的にワークスタイル調査の分析で作成されてきたものと同じ分類方法を採用する[5]。分類に用いる「フリーターになった理由」をたずねる項目について、25〜29 歳の回答の推移を示したものが図表 3-3 である。

　ここで特に着目したいのが「夢追求型」である。「夢追求型」は、「仕事以外にしたいことがある」という理由を主としてフリーターになった類型であるが、図表を見ると、この項目を選択している割合は 2006 年から 2021 年にかけておおむね減少傾向にある。かつての「夢追求型」は、達成の困難な夢を追求するフリーターであったが、そうした図式は後景化してきているのだ。太郎丸編（2006）は、2000 年代初頭の時点ですでに「直感的には（潜在的）高階層フリーターのような人々がいて、それが『夢追求型』とかなり重なっているように思うのだが、この検討は今後の研究課題である」と述べている。太郎丸が予言したこの「高階層フリーター」的な若者こそが、本稿

5　詳細は日本労働研究機構（2001）を参照されたいが、概要は以下のとおりである。「仕事以外にしたいことがあるから」を選択していれば「夢追求型」、「学費稼ぎなど、生活のために一時的に働く必要があったから」・「家庭の事情で」のいずれかを選択していれば「やむを得ず型」に優先的に分類した。そのうえで、「自分に合う仕事を見つけるため」・「自由な働き方をしたかったから」・「正社員はいやだったから」・「なんとなく」は「モラトリアム型」に属する回答として分類した。「正社員として採用されなかったから」については、2016 年調査以降は新卒時と離職後を統合して用い、基本的に「やむを得ず型」として分類したが、「自由な働き方をしたかったから」を同時に選択している場合は「モラトリアム型」とした。

図表 3-3　フリーターになった理由の 5 時点間比較（25〜29 歳）（複数回答）

(%)

		仕事以外にしたいことがあるから	つきたい仕事のための勉強や準備、修行期間として	つきたい仕事の就職機会を待つため	つきたい仕事がアルバイト・パートでできるから	自分に合う仕事を見つけるため	新卒時、正社員として採用されなかったから	一度は正社員になったが離職後、正社員として採用されなかったから	学費稼ぎなど、生活のために一時的に働く必要があったから	なんとなく	正社員はいやだったから	家庭の事情で	自由な働き方をしたかったから	病気・けがのため	ゆっくりしたかったから
男性	2001	13	15	12	4	45	9	—	32	23	7	6	26	—	—
	2006	26.2	29.9	—	—	37.9	12.1	—	20.1	25.2	9.3	5.1	16.8	—	—
	2011	22.2	30.3	—	—	28.4	21.5	—	23.4	23.8	4.6	2.7	16.5	—	—
	2016	17.0	35.4	—	—	23.1	21.1	7.5	23.8	20.4	8.2	7.5	14.3	4.8	14.3
	2021	10.2	21.1	—	—	27.2	6.1	5.4	27.2	26.5	7.5	5.4	16.3	8.2	17.0
女性	2001	8	17	13	9	36	16	—	26	22	15	6	30	—	—
	2006	19.4	22.8	—	—	33.2	12.5	—	13.8	24.6	12.1	15.9	25.4	—	—
	2011	14.0	28.0	—	—	22.0	17.0	—	21.0	22.5	8.5	12.5	21.0	—	—
	2016	18.0	29.9	—	—	21.8	14.9	5.4	13.8	13.8	14.2	13.8	35.6	10.0	16.5
	2021	9.0	25.7	—	—	23.8	10.5	2.9	15.7	18.6	11.0	12.4	30.5	7.6	11.9

出所：労働政策研究・研修機構（2022）を一部改訂

　が着目し、「夢追求型」から分離させて検討したフリーター類型「ステップアップ型」である。

　そもそも、図表 3-2 に示したように、夢追求型の語る「やりたいこと」の内容は、1999 年のインタビュー調査時点で、「バンドや演劇・俳優」といった「芸能志向」と、自分の技能・技術で身を立てる「職人・フリーランス志向」の双方を含んでいる。ここで、芸術・芸能系の「やりたいこと」を追求する「芸能志向型」は、職業人として自立するという方向とは異なるものとみなされていた。例えば 1999 年のインタビュー調査では、曖昧な情報に基づき、職業として確立しているとはいいがたい分野に夢をはせる事例も観察されていた。これに比して、「職人・フリーランス志向型」は、相対的に自身の職業能力に立脚する「夢」を持ち、フリーター期間はこのような「夢」

とつながる「見習い的な仕事」を行う期間と捉えられていた。

　太郎丸は、「夢追求型」フリーターが、労働条件などの働き方に対しては不満を持っているが、フリーター期間は夢へとつながる将来への投資であるという意識から、将来への不安を感じにくく、仕事にもやりがいを持っているという傾向を指摘している。また、「夢追求型」は自尊感情が正社員並みに高いほか、学歴が高い場合が多く、職種を問わなければ正社員になれた層であるにも関わらず、「やりたいこと」にこだわりフリーターとなっていると分析している。こうした「夢追求型」について、課題であると考えられるのは、まず、「芸能志向型」と「職人・フリーランス志向型」が同じ「夢追求型」に属しているために、異質であるにも関わらず分けて議論されていなかったことである。上に挙げられているような「夢追求型」の意識やフリーター期間とキャリアの関係も、本来は両者で異なっているはずだ。図表3-2の類型作成時の「職人・フリーランス志向型」の「夢」は、ケーキ職人、バーテンダー、脚本家などであった。しかし、近年のフリーターは、詳細は後述するが、高学歴化や産業構造の変化に伴い、高等教育機関の活用や資格取得をはじめとした職業能力獲得を行い、それをもとにしたキャリア形成志向を持つようになっている。中には業務独占資格などの難関資格取得も含めてキャリアを構築しようとする層も現れている。こうした状況に鑑みると、「職人・フリーランス志向型」の「夢」の内実はケーキ職人やバーテンダーから大きく変質してきていると考えられ、「芸能志向型」と「職人・フリーランス志向型」的なフリーターの乖離は、もはや一つの類型として語るには大きくなりすぎているのではないだろうか。

　このように、「夢追求型」の中で顕在化してきていると考えられる異質な層を取り出すため、新設した類型が「ステップアップ型」である。具体的には、図表3-2に示した3類型から、さらに「つきたい仕事のための勉強や準備、修行期間として」という項目を選択しているケースを「ステップアップ型」として追加で分類した[6]。この処理によって、2021年調査では、男女と

6　注2に記載した処理に追加する形で、「つきたい仕事のための勉強や準備、修行期間として」を選択していれば「ステップアップ型」へ再分類し、「病気・けがのため」を「やむを得ず型」、「ゆっくりしたかったから」を「モラトリアム型」に属する回答として分類を行った。

も従来の分類では「夢追求型」に分類されていた者のうち3割程度が「ステップアップ型」に再分類されることとなった。この項目が選択肢に含まれる2011年調査・2016年調査・2021年調査の3時点で「ステップアップ型」を含むフリーター類型の分布の推移をみると、図表3-4のようになる。ここから見えるのは、①「夢追求型」は減少傾向にある、②「ステップアップ型」は2011年から2016年にかけて増加したあと、2021年にかけて減少に転じている、③「やむを得ず型」は増加傾向にある、④その中で「モラトリアム型」の割合が相対的に増加している、ということである。

③の「やむを得ず型」の増加については、図表3-3で「新卒時、正社員として採用されなかったから」という項目の選択率が減少していることから、好況下で正社員への移行が容易になる中で、それでもやむを得ない事情でフリーターになる若者の割合が相対的に増加しているということだろう。労働政策研究・研修機構（2021）では、「やむを得ず型」について、1999年のインタビュー調査では正社員に応募したものの不採用となったケースがほとんどであったのに対し、2020年のインタビューではメンタルの課題を抱える若者が中心となっていたことが指摘されているが、量的にもこの傾向が確認

図表 3-4 「ステップアップ型」を含むフリーター類型の推移

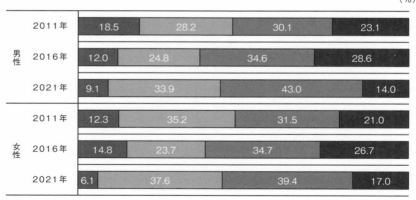

出所：労働政策研究・研修機構（2022）をもとに作成

できたことになる。

　これは、フリーターイコール正社員への「移行の失敗」ではなくなっているというフリーター像の変化の一側面である。例えば、少し話を先取りすれば、第6節で引用したケースでは、病気で正社員を辞めた「やむを得ず型」のフリーターが、正社員とフリーターを自らの状況に合わせた働き方の違いとして捉えている。しかし、「正社員として採用されなかった」という形ではないにせよ、事情を抱えてフリーターとなり、思うようにキャリアを形成できない層であることも確かだ。その点において、フリーター像の変化の異なる側面、すなわちあえて正社員ではなくフリーターを選択しているという層が、「夢追求型」および「ステップアップ型」である。では、新たに顕在化した「ステップアップ型」は、「夢追求型」とどのように異なっており、なぜ図表3-4のような増減傾向を示していると考えられるであろうか。

　「ステップアップ型」の鍵となる質問項目である「つきたい仕事のための勉強や準備、修行期間として」について、2021年調査では具体的な内容を自由記述でたずねている。この自由記述の内容を、回答対象である「夢追求型」と「ステップアップ型」で比較すると、俳優などの芸能関係、音楽関係、クリエイターなど創作関係といった「夢追求型」と共通する内容を、それぞれ「ステップアップ型」の1割程度が挙げている。留学や海外滞在も「夢追求型」と「ステップアップ型」双方において各6〜7％が選択しており、両者の差はほぼない。しかし、専門職・資格職（「ステップアップ型」のうち24.7％）、公務員（同4％）、正社員になるための準備（同6.2％）については、「夢追求型」では一つも挙がっていなかったのである。

　さらに、ここで専門職・資格職の内容として挙げられていたのは、弁護士・法曹、宅建、公認会計士、通訳・翻訳、ローカライズマネジメント、教員、介護・福祉、医療事務、薬剤師、保育士、管理栄養士、カウンセラー、司書、パイロット、エンジニアであり、主として第3節でまとめた「ビジネスサービス」（金融・保険・不動産業、事業・専門サービス業）や「社会サービス」（教育、医療・福祉）に属するものや、アルバイトとして入職してその道を目指すことが困難なものであった。かつての「夢追求型」のうち「職人・フリーランス志向型」は、「夢」とつながる「見習い的な仕事」を

パート・アルバイトという形で行っていた。それは例えば1999年調査で見られたような、美容師志望者が美容室の受付のアルバイトをする、調理関係の仕事をしたい者がその補助業務をするといったケースであった（労働政策研究・研修機構 2021）。これらは「消費者サービス」に該当し、第3節で触れたように技能水準が低くパート・アルバイト比率が高いため、「見習い」的なフリーターとしての入職が行われやすかったのだろう。しかし、専門職・資格職志向の今日的な「ステップアップ型」は、「消費者サービス」ではなく、上に挙げたような「ビジネスサービス」や「社会サービス」における専門職・資格職を目指している。第1章では、特に「ビジネスサービス」において採用時の要求水準が高く、非正規雇用の割合が低いことが示されており、「ビジネスサービス」ではアルバイトとして入職して正社員への転換を図るのは難しいといえる。よって、好況下で正社員になりやすくなると、上述のような専門的・技術的なサービス業を目指す層が、フリーターではなく正社員として働きながら資格取得を目指すようになると考えられる。これこそが、増加していた「ステップアップ型」が減少に転じた要因ではないかと推測できる。ある程度夢追い的な層を含みながらも、「夢追求型」にはない「つきたい仕事」を目指す層である「ステップアップ型」がこのような動きをしているのに対し、「夢追求型」は、図表3-4に示したとおり減少傾向にある。この意味で、かつての典型的な夢追い型フリーターは後景に退いてきている。

　続いて、さらに「ステップアップ型」と「夢追求型」の特徴を描き出すため、各類型について属性や意識を検討してみると、図表3-5のようになる。ここから見えてくる「夢追求型」と「ステップアップ型」の姿は、いずれも他類型に比して実家が豊かで、恵まれた資源を背景として、「夢」や「つきたい仕事」を追求しているというものである。しかし、「ステップアップ型」は特に大卒以上が多く、フリーター継続期間も最も短い。正社員になろうとした割合については、第3節でも述べたように全体的に低下傾向にあり、いずれの類型でも7割を超えていないが、そのうち正社員になれた割合を見ると、「ステップアップ型」は約8割と他類型に大きく差をつけている。対して「夢追求型」は、正社員になろうとした割合も、正社員になれた割合も最

図表 3-5　フリーター類型別　属性の比較（2021 年）

（%）

		夢追求型	モラトリアム型	やむを得ず型	ステップアップ型
大卒以上割合		45.5	33.9	48.4	53.8
実家豊か割合		51.5	42.4	39.9	49.1
正社員になろうとした割合		59.4	70.6	68.2	67.0
うち、正社員になれた割合		52.6	66.1	62.6	80.5
現職正社員比率	男性	39.3	50.5	56.2	61.9
	女性	14.6	33.1	32.3	47.1
平均フリーター継続期間 ※単位：月		65.3	53.2	46.7	46.1

出所：労働政策研究・研修機構（2022）を一部改訂

　も低くなっている。上述の「つきたい仕事」の内容も含め、「夢追求型」と「ステップアップ型」は、重なる部分がありつつも明らかに異質である。「ステップアップ型」は、かつて太郎丸が描いた「学歴が高く、職種を問わなければ正社員になれた層」だが、「やりたいこと」にこだわりフリーターとなっている「夢追求型」の一部として予期されていた「高階層フリーター」を、うまく捕捉できているのではないだろうか。

　質的データでより詳細な例を見てみると、2020 年のインタビュー調査では、「ステップアップ型」について、「恵まれた資本を元手に自由に人生を選択する若者」と表現されている。たとえば N さん（男性・27 歳・大卒）は、弁護士を目指して法学部に進学するが、進学と同時に弁護士は諦め、アナウンサーを目指すも採用されず、有名百貨店グループに正社員として就職した。しかし、就職当初から「入ったときから、僕、でも、もう 3 年ぐらいかなというのは考えてた」という。実際に百貨店に勤務するなかで、「正直、**何か自分のやりたいこと、これじゃなかったな**というのを」思い、「じゃあ、自分、何好きだったかなって、もう改めて何か就職活動のときじゃないですけれども、**振り返ってみると、数字が好きだった**んですよ。やっぱり百貨店に勤めていたときも数字を見ることが好きで、数字から予測できることを組み立てていくのが好きだったんですよね」ということに思い至った。N さんは、こうした自らの興味の所在と、「コンサルティングしたいなという

のが一番最初に出てきた」ことにより、正社員を退職して税理士試験への合格を目指し、それまでのつなぎとしてフリーターをしている。さらに将来的な展望として、Nさんは「家が議員の家系」であり、「政治活動」を行うことを目指しており、税理士もその一環であると考えられ、資格取得がNさんの人生やキャリアにとって死活問題であるとはいえないだろう。Nさんの家系は特殊な例ではあるが、実家の豊かさや正社員になりやすい状況などを背景としてどこか余裕があり、切実さが希薄であることも、就職氷河期など不況下のフリーターとの差であるといえるかもしれない。

　このNさんのケースは、まさにこれまで検討してきた「ステップアップ型」の様相を象徴している。Nさんは高学歴で、大学進学時も現在も弁護士や税理士といった「ビジネスサービス」の専門・資格職を目指しており、一度正社員として就職しながらも、キャリア転換のための準備期間として正社員を辞め、一時的にフリーターとなっている。これは、芸能関係のように狭き門であったり、職業として成立しているか危惧されたりするような夢を追っているのとも、目標である税理士に繋がる見習い的な働き方としてアルバイトを行っているのとも違う。本節で描いた「ステップアップ型」の顕在化は、もはや正社員への「移行の失敗」の帰結ではなく、あえてフリーターを選択するというフリーター像の変化の中でも、サービス業を中心とした産業構造の変化や高学歴化と密接に関連して生じた変化である。この現象は、「夢追求型」から分離して論じたからこそ見えたものであり、今日のフリーター像を理解するうえで見逃すことのできないものだろう。

第5節　フリーター期間におけるスキル形成

　前節では、「夢追求型」からの「ステップアップ型」の分離と顕在化を主として、フリーター像の変化を検討したが、それは産業構造の変化や、若者の正社員／非正社員という働き方への意識の変化と関連しながら生じていた。それではこうした変化を受け、若者は、フリーター期間を自身のキャリアや職業人としてのスキル形成にとってどのような期間であると捉えるようになっているのだろうか。前節で作成した「ステップアップ型」を含むフ

リーター類型と関連づけながら、質的データを中心に検討する。

　不況下のフリーターは、「やりたいこと」志向と強く結びついて語られてきた。例えば下村（2002）は、フリーターは、不況下で希望の職業に就けないという否定的な事実を埋め合わせるため、「やりたいこと」を強調するというアンビバレントな「やりたいこと」志向を持っていると指摘した。また、小杉（2003）は、高卒フリーターを前提として高校生の意識を分析し、フリーター予備軍、とくに女性の＜やりたいこと志向＞や＜自由・気楽志向＞を描き出している。こうした傾向と関連して、不況下のフリーターは、フリーター期間を「さまざまな経験をする」というメリットを持つ「キャリア探索期間」や、「やりたいこと」を探す期間として捉えているという傾向が指摘されていた。

　しかしながら、フリーター期間を通じてキャリアや「やりたいこと」を探索するという試みはあまり成功しているとはいいがたいケースが多い、というのが先行研究の指摘であった。上西（2002）によれば、フリーターをやめて正社員になる理由は、「正社員のほうがトクだと思った」、「年齢的に落ち着いたほうがいいと思った」といった、フリーターに見切りをつけたというものが主流で、「やりたいことが見つかったから」正社員になった若者は19％にすぎなかった。

　また、低収入のフリーターは低技能の仕事が多く、スキル形成という面でも不利になることも問題とされていた。小杉（2003）は、フリーター期間を経て夢に近づく・方向転換するなど職業的方向が明確になっているケースでは、フリーター期間がキャリア形成上重要であるとしている。対して、具体的な活動や努力に欠け、ファッション的な「夢追い」や、現状に甘んじるケースでは、フリーター期間のキャリア形成上の意味は薄いと指摘している。後者の場合、情報収集が不十分なケースもあり、職業能力の形成という観点で、長期化するならば憂慮すべきだというのだ。興味深いのは、フリーター経験を通じて獲得した職業能力として、特定の職業に関するスキルというよりも、基礎的なソーシャルスキルを獲得したという語りが少なくないという指摘だ。例えば、「人と話せるようになりましたね」（21歳・高卒・男性）、「職場にとけ込めるというのか、折り合いを付けていけるというのか、

その辺は結構うまいことやれるようになったかも」（23歳・男性・大学中退）といった語りである（小杉 2003：93）。

　これまで検討してきたように、不況期のフリーターに関する先行研究の指摘は、当時の労働市場や産業構造と結びついている。「やりたいこと」志向を希望の職に就けない反動と捉える下村（2002）の指摘は、不況による就職難を反映している。「やりたいこと」を見つけて正社員に移行する困難さを指摘した上西（2002）も、フリーターは正社員に移行できなかった層であるという前提に立っている。フリーター期間に獲得したスキルが基礎的なソーシャルスキルにとどまっていたことは、高卒フリーターが低技能のパート・アルバイトと親和的な「消費者サービス」などに流入する、という構造と結びついていただろう。

　では、好景気下のフリーターにとって、自身のキャリアやスキル形成とフリーター期間との関係は、どのようなものに変わってきたのであろうか。労働政策研究・研修機構（2021）は、1999年のインタビュー調査と比較して、先述した「やりたいこと」志向の二分法的な語りの多くが失効していたことを明らかにしている。「やりたいこと」を探すという語りについても、留学やワーキングホリデーのための資金集めといったように、既に具体化された「やりたいこと」そのものは存在するなど、かつての文脈とは異なっており、「自分探し」の語りが消失していた。また、フリーター期間を通じて様々な経験をし、キャリア探索をしたいという志向も後景化しており、フリーターのメリットとして働き方の自由度が高いという点は挙げられているものの、「様々な体験ができる」ことがメリットとして若者に認識されなくなっていた。参考として、2001年および2021年のワークスタイル調査データから、フリーター経験がある25〜29歳について、「いろいろな職業を経験したい」という認識を持っている割合を比較してみる。すると、2001年では男性71％、女性63％が「いろいろな職業を経験したい」と考えているのに対し、2021年では男性50.9％、女性58.8％まで低下しており、特に男性は約20ポイントと大きく低下している。フリーター期間をどのような期間と捉えているかという文脈とはやや異なるが、インタビュー調査で観察されたような志向の変化の片鱗は見て取れる。

　この点について労働政策研究・研修機構（2021）は、就職氷河期世代は、不況下で正社員になれなかった層がフリーターという働き方によって「自分探し」を行わざるをえなかったと指摘している。対して、近年は好況下で正社員になることが容易になったため、フリーターを選択せずとも正社員として「自分探し」を行うことが可能になったのではないか、という考察である。これはまさに、かつての不況を背景としたフリーターの「やりたいこと」探しというあり方の変化を表しており、言いかえれば、前節の内容にも通じるが、「やりたいこと」を持っている者が、あえてフリーターを選択していることの説明にもなる。

　職業的スキルの形成についても、1999年調査と2020年調査では語りが異なっていた。第４節でも触れたが、1999年調査では、就きたい仕事について学ぶため、その仕事の補助業務など周辺のアルバイトを選択し、従事しているケースが少なくなかった。これは既に述べたとおり、かつての「夢追求型」フリーターが「消費者サービス」セクターへ、見習い的にアルバイトとして入職するという構造が存在したからである。2020年調査では、そうしたケースは少なかった。対して多く見られたのは、クラシックバレエを学ぶために短大のバレエ専攻コースに通う（20歳・女性・短大卒・「夢追求型」）、漫画家を目指すために短大の漫画系コースに進学する（29歳・男性・短大卒・「夢追求型」）、発達障害を抱え、障害者向けの職業訓練施設で事務系の訓練を受講する（27歳・男性・大卒・「やむを得ず型」）など、アルバイト経験ではなく、高等教育機関や職業訓練機関を活用するケースであった。さらに、体系的な学びを必要とする専門・技術職の増加に伴い、キャリア形成上の強みになるような資格を取得しようとするケースも見られた。総じて、アルバイトの経験そのものを通じて職業的スキル形成を行うという語りは後景に退き、資格をはじめとした職業能力の獲得と、それを強みとしたキャリアの開拓という姿勢を、2020年インタビューの対象者のほとんどが持っていたのだ。むろん、この背景には、フリーターの高学歴化や、高等教育機関における学びの多様化、専門的・技術的な仕事や資格を必要とする仕事など、知識集約型のサービス産業の発展が存在する。

　1999年調査と比較して、「夢追求型」の職業希望が高等教育機関での学び

と結びついているケースが増加していたことは興味深く、上述の短大バレエ専攻卒のバレリーナ志望者や、短大漫画系コース卒の漫画家志望者がその一例である。これらのケースでは、両者ともバレエのレッスンを受けオーディションを目指す・漫画作品を描き続けて応募するなど、夢に向かった行動を続けつつ、傍らで生活のためにファストフードや梱包などのアルバイトを続けており、アルバイトの内容と夢とは切り離されている。前者については、周辺分野の資格としてヨガのインストラクターの資格を取るための勉強も始めており、ここでも資格を取得してキャリアに生かそうという姿勢が感じられる[7]。かつてのフリーターとは異なり、アルバイト経験と目指す仕事とが切り離されていることについては、前節まででも検討したように、非正規率が高くパート・アルバイトという入り口が確保されやすい「消費者サービス」などにフリーターとして入職する、といったかつての構造が変化したことが大きいだろう。

　図表は割愛するが、2021 年のワークスタイル調査において、「専門的な知識や技術を磨きたい」という働き方に対する意識項目を見ると、いずれのフリーター類型も 8 割以上が肯定しており、上述のようなスキル形成の意識が全体に高くなっていることが示唆される。その中でも、「夢追求型」「ステップアップ型」は 9 割以上とさらに高い割合となっている。ただしここでも、「夢追求型」と「ステップアップ型」の間には大きなニュアンスの相違がある。「夢追求型」はあくまでも、高等教育機関における教育内容の多様化によって、「夢」の内容が短大や専門学校での学びの範疇に含まれるようになったという構造であるのに対し、「ステップアップ型」は、フリーター期間における職業的スキル形成に教育機関を利用しているという点である。

　例えば、25 歳大卒の G さん（男性）は、経済学部で統計学やデータ分析に興味を持ち、卒業後は放送局に就職したが、3 年で離職した。離職後、大学院での学び直しを志しており、卒業後はデータサイエンティストになるという展望を持っている。G さんは退職の理由と今後の見通しについて次のように語っている。

7　なお、職業能力の獲得に関する「夢追求型」の語りとしては、資格ではないが、語学力を獲得して留学やワーキングホリデーに生かしたいというケースも見られていた。

「自分自身が大学卒業して、もう勉強いいかなと思って就職したんですけど、働いていく中で、やっぱり先ほど申し上げたそういう**統計とかっていう部分をやっぱり、何だろう、なかなかビジネスに応用できない自分が結構悔しくて**、会社としても、その設備整ってなかったですし、それを一から自分がやるっていうほどのスキルもないですから、やっぱりそういうのをやりたい、何だろう、**もう少し自分に実力つけたいなっていう思いがあって、もうちょっと勉強したいなって思ったんですよね。**その中で、**もう一回大学院行って勉強したい**なって思って、それで、この秋から、僕、大学院に通い始めるんですけど、再受験して。」

　また、21歳で大学中退のＦさん（男性）は、薬剤師を目指して薬学部へ進学したが、在学中、簿記の勉強や製薬会社の管理会計部門でのインターンを通じて公認会計士に興味を持った。Ｆさんは大学２年次に簿記３級と２級に合格し、大学２年の３月から公認会計士の取得に向けて予備校に通っており、大学３年次に公認会計士の短答試験に合格したため、大学を中退して論文試験の準備をしている。最終学歴が高卒になることについては、

　「大学は入り直しちゃうと４年かかっちゃうので、別に会計士って高卒でも大丈夫だったので。**受かれば別に一緒じゃないですか、大卒でも高卒でも。**なので、そこに関してはそんなに不安はなかったですね。（将来的に大学で学び直すことについて）全然まだまだ先ですけど、すごい、一回は大学、ほかの、**時間に余裕があったら大学のほかの経営系とか経済系の勉強をしたい**なと思ってるので。**ずっと先ですけど、入り直したいなとは思います**ね。」

と語っている。Ｆさんは、公認会計士試験への合格とそのための予備校の利用を優先し、高卒や大卒といった学歴は重視していないが、将来的にさらなるスキルアップのための大学再入学を視野に入れているのである。
　第４節で引用したＮさん（大卒で初職の百貨店を離職後、税理士を目指

す）も含め、これらの「ステップアップ型」のケースに共通するのは、単に高等教育機関での専攻と目標が一致しているというわけではなく、大学時代の学びや経験などを基にして「つきたい仕事」が形成され、それを目的として教育機関を利用している点である。挙げられている資格が難関の業務独占資格であることも大きいだろうが、「ステップアップ型」は、職業的スキル形成のためにリカレント教育を利用するような層だといえる[8]。

むろん、これらのケースが、資格取得にかかる時間や金銭的資源をクリアするだけの余裕を有していることは言を俟たない。だがそれだけではなく、GさんやFさん、Nさんは、正社員として勤める会社からの離職や大学中退によってキャリアの方向性を転換することに対し、「面白そう」だと肯定してくれる学友の存在や、流動的なキャリアを自ら構築することが「普通」であると感じる環境の存在について語っている。これは、「ステップアップ型」の「高階層フリーター」的な特徴のひとつと捉えることができるだろう。また、第3節で触れたように、非正規雇用経験も含めて転職者が増加していることや、正社員として一社に勤続し続けることが至上ではなくなり、一社定着者の間でも現職やキャリアに迷いが生じているという状況の表れでもある。

なお、2021年調査から、正社員になるために行った取り組みをフリーター類型別にみると、リカレント教育にあたる「学校に入学した」について、「ステップアップ型」は9.1％であるが、「夢追求型」では0％である。なお、「モラトリアム型」は3.0％、「やむを得ず型」は4.4％であるため、「夢追求型」は全類型中で最も低くなっている。「資格試験を受けた」割合も「ステップアップ型」が23.4％と最も多くなっており[9]、前節で得られた知見と一致している。

さて、フリーター期間を通じた基礎的なソーシャルスキルの獲得というかつて見られた語りについて、既に考察したとおり、低技能のアルバイト業務

8　Fさんは大学を中退して公認会計士受験のための予備校に通っており、やや状況が異なるが、将来的に大学で学び直しをしたいと考えている点で、大きく捉えればリカレント教育と親和的である。

9　他の類型については、「夢追求型」が18.9％、「モラトリアム型」が11.5％、「やむを得ず型」が12.2％であった。

が仕事のスキルと結びついて語られている点で、今日のフリーターには当てはまらなくなっていると考えられる。実際に、2020年のインタビュー調査では、やはりこうした語りは見られなくなっていた。代わりに語られたのは、発達障害や鬱といった働きづらさを抱える若者が、アルバイトという就労形態を通じて働き方を模索するといったケースである。たとえば、発達障害を持ち、専門学校中退後に体調を崩した「やむを得ず型」のHさん（23歳・男性）は、

　「**自分の中で納得して、自分がしんどいときは無理しなくていいやって。**週５回のうち２回休む…今日はズドンとしてるなと思ったら無理せず休んで。」

といったように、自分の特性に応じた働き方をフリーター期間で工夫しつつ、将来的なキャリア形成については、

　「フリーランスになりたいな。**何の資格でもいいってわけじゃないんですけど、何かそういう**、パソコン関係の資格あるじゃないですか、そういう簿記とか、あとはマイクロソフトオフィスの資格とか。」

と資格取得の希望を語っている。語りから見て取れるように、資格の内容は具体的な検討や絞り込みの過程を経ておらず、非常におおまかなものではあるが、フリーター期間のアルバイト経験はあくまでも現在の働き方を工夫するためのものであり、職業能力やキャリア形成とは関連づいていない。
　総じて、「ステップアップ型」や「夢追求型」に限らず、スキルや能力、強みを獲得してキャリアに生かしたいという志向が全体的に高まっている。その中で、アルバイト経験そのものが職業能力やキャリア形成と結び付いているケースは後景化し、獲得したスキルとして基礎的なソーシャルスキルが挙がることもなくなった。フリーターの高学歴化、高等教育の内容の多様化、知識集約型サービス産業の発展に伴い、職業能力と結びつけられるのは、アルバイト経験から、資格取得といった要素にとって代わられているの

である。ただし、進学後や就職後に目標を見つけ、そのためにリカレント教育を含む教育機関を利用したり、より積極的に、かつ場合によっては難易度も高い資格取得を行ったりする点で、「ステップアップ型」は他類型とは一線を画すといえそうだ。

第6節　おわりに：フリーターという働き方をどう捉えるか

　第2節から第5節まで、社会の変化や若者の意識・働き方の変化に伴い、「不況下で正社員への移行に失敗した、主として高卒者」というフリーター像が大きく変化してきたこと、また、その中で若者のキャリアや職業的スキルの形成におけるフリーター期間の位置づけも変化してきたことを示した。本節では、こうした変化をふまえ、今後フリーターという働きかたをどのように捉えていけばよいのかを考察して、議論の締めくくりとする。

　第5節までで検討した新たなフリーター像とは、高階層フリーターである「ステップアップ型」の顕在化に代表されるように、もはやフリーターは正社員への「移行の失敗」の結果ではない、というものであった。「ステップアップ型」や「夢追求型」のように、積極的な理由からフリーターを選択しているケースでなくとも、正社員になりやすい状況が続く中で、あえてフリーターを選択している層が存在する。2020年のインタビュー調査では、正社員とフリーターがそれぞれメリット・デメリットを持つ単なる働き方の違いとして捉えられるようになってきていることが示されている。例えば、病気で正社員を離職しフリーターになったRさんは、以下のように語っている。

　「人それぞれ働くにあたっても求めるものがやっぱり違うから、フリーターを選ぶ人は、やっぱり何かやりたいことがあってそのためにお金を貯める人だとか、あとは私みたいに、ちょっと病気があって、なかなかうまく働いていけない人っていう人がフリーターを選んでいるのかなっていう印象で。正社員は、逆に、健康でばりばり働ける人だったり、お金をたくさんもらって、ぜいたくを、自分のご褒美のためにたくさん使いたいとか、あと、

将来のために貯金をしたいとか、そういう、**あと安定とかが欲しいっていう人が正社員を選ぶ**のかなっていう印象ですね。」

（R さん：女性・24 歳・大卒・「やむを得ず型」）

　また、同じく正社員経験のある B さんの以下の語りは、フリーターと正社員という働き方のメリット・デメリットをシンプルに比較している。

　「（フリーターのメリットは）**時間の融通**が利く、ぐらいですかね。本当にそれだけですかね。（デメリットは）やっぱり時給制なんで、そういう今回のコロナとかがあると、**給与の変動が激しいことと、あと、ボーナスもない**ことですか。正社員とは違って。（正社員は）**責任**が結構重い。のと、いろいろな**制約**が。」

（B さん：男性・29 歳・高卒・「やむを得ず型」）

　この点について労働政策研究・研修機構（2021）は、フリーターのみで正社員を経験していない場合は、フリーターに対してより肯定的な意識を持っているというニュアンスの差異はあるが、「フリーターという働き方をすることが若者の中で特段の意味づけを必要とせず、働き方の単なる一つの表現になりつつある」と考察している。これは、第 5 節までで検討したフリーター像の変化や、一時的な非正規雇用を含む転職の増加、非正規や無業を肯定的に捉えて正社員に移行しないケースなどを受け、若者の意識が変化したと考えられる。フリーターはもはや正社員ルートからの逸脱の帰結ではなく、非大卒の問題でもないのである。さらに、本章が特に着目してきた「ステップアップ型」や、一部類似した傾向を持つ「夢追求型」は、自らのこれまでのキャリアといった現在の状況を特に肯定的に捉える傾向にある（労働政策研究・研修機構 2022）。

　本稿で検討してきたとおり、「フリーター」のイメージや位置づけは 1990 年代からあまりに大きく変化してきている。これを受け、パート・アルバイトとして働く若者さえも、徐々に自らを「フリーター」として定義・認識しなくなっていくのではないか、また、「フリーター」という言葉で括ること

で、もはや若者のリアリティを捉えられなくなっていくのではないかという感がある。反面、十分留意する必要があるのは、若者の意識においてフリーターが特段の理由づけを必要としない働き方になってきていたとしても、不安定な雇用形態であることに変わりはないということである。コロナ禍で特にフリーターの不安定さを感じたという以下のLさんの語りは、こうした影を端的に表している。

　「**私、何か世間体とかあんまり気にしないんで、その分の心的には、何か責任もないし、心的には自由**だけど、**やっぱり生活見ちゃうとすごい不安定**だし、コロナのあれで、こんなにもシフト削られるとか、何か去年は全然予想してなくって。**こんなにすぐ壊れちゃうんだな、今の生活が**とはちょっと思います。」

（Lさん：女性・22歳・大学中退・「夢追求型」）

　また、2021年のワークスタイル調査データから、25～34歳のフリーターの1週あたり労働時間、年収、1時間あたり収入の平均を算出すると、図表3-6のようになる。不況下のフリーターは残業のない正社員並みに働く者も多かったが（日本労働研究機構 2000）、図表から、フリーターの労働時間は短くなったことがわかる。上に引用したBさんの語りにあったように、フリーターのメリットとして時間の融通が利くという認識があるが、その背景にはこうした変化があるだろう。しかし、1時間あたり収入を比較すると、

図表3-6　就業形態別　1週間の労働時間と年収、1時間あたり収入（2021年）

	男性			女性		
	正社員・公務員	派遣・契約・嘱託	フリーター	正社員・公務員	派遣・契約・嘱託	フリーター
労働時間（週）	43.0	33.9	28.1	34.9	33.5	22.6
年収（万円）	559.1	292.3	181.7	410.2	268.8	149.4
1時間あたり収入（万円）	0.27	0.18	0.13	0.24	0.17	0.14

資料出所：2021年「第5回若者のワークスタイル調査」より作成

フリーターは派遣・契約・嘱託よりも低く、正社員・公務員の半分程度にとどまっている。好況下で正社員への移行が容易になる中で、それでも現職がフリーターである者の労働環境は、やはり厳しいものではある[10]。

　また、前節で検討したように、低技能のパート・アルバイト経験と目標とする仕事のスキルがかつてのように結びつかなくなり、別途能力開発の機会が必要となっている。しかし、資格取得や高等教育機関の活用といった職業能力獲得志向が全体的に高まっているとはいえ、フリーターの能力開発機会は正社員と比較してかなり限定的であろう。雇用の不安定さも含め、フリーターはやはり引き続き支援を必要とする層である。フリーターがもはやかつてのような「移行の失敗」ではなく、あえて正社員を選択していないとしても、フリーランスのように「その働き方を選び取った」層とまではいえないと考えられる。

　M・デュボア＝レーモンは、ヨーロッパの若者を対象とし、1990 年代以降に生じた新たなスタイルとして「トレンド創造的学習者」という概念を提唱している（De Bois-Reymond 2005）。これは、自分の趣味や余暇活動などを活かしながら起業する若者の学習スタイルであり、学校などの制度化された学習と、趣味や仲間との活動、 OJT といった非制度的な学習を組み合わせることで、職業的スキルを形成していくというものである。確かに近年のフリーターは、「ステップアップ型」に限らず、フリーター期間を通じて職業的スキルを獲得しようという姿勢を持つようになってきている。しかし、アルバイト経験そのものがスキルの獲得に結び付いた学習として機能しなくなり、獲得しようとしている資格やスキルの内容も必ずしもキャリアに活かせるよう考えられたものにはなっていないなど、課題も目立っていた。高階層フリーターである「ステップアップ型」は、学歴の高さや実家の資源の豊かさなどもあいまって、比較的自由に職業的スキルやキャリアを形成しやすい層であると考えられるが、フリーター全体の中では一部にすぎない。

10　なお、小杉（2003）は、フリーター経験者は、初職から正社員であった者と比較して、現職正社員であったとしても年収が低くなることを指摘している。この点について、2021 年ワークスタイル調査データを用いて比較すると、フリーター経験のある正社員の年収が男性で 446 万円、女性で 362 万円であるのに対して、フリーター経験のない正社員では、男性で 588 万円、女性で 423 万円となっており、同様の傾向が認められる。

フリーターの職業能力獲得志向が高まっても、流動的なキャリアの中にどのように位置付けるかという支援なしに、若者の自助努力として当事者に任せるだけでは、迷走したまま不安定な雇用状況にあり続けるケースが多く生じ、格差も拡大するだろう。「トレンド創造的学習者」は、高等教育機関で学ぶ専門的な内容を含め、多様な学びを自在に組み合わせて巧みなスキル形成を行う層である。対して、フリーターは確かに変化を見せてはいるが、「トレンド創造的学習者」のような層とはやはり異質であり、支援が必要な層として分けて考える必要がある。例えば、2020年インタビュー調査におけるCさん（女性・25歳・大学中退・「やむを得ず型」）の以下の語りは、フリーランスとして生計を立てられる層に対して、自分には「それができるだけの能力」がないという意識のあり方を表している。

　「**フリーランスで働いてらっしゃる方っていうのは、それができるだけの能力をやっぱりお持ち**っていうことだと思うので、それで食っていけるっていうのは本当に尊敬することだなと思います。**それに対して自分ができることっていうのがやっぱりない**ので、自分がじゃあフリーランスでやっていけるかって言われたときに、**その自信はないですね。ないので、困っています**。」

　総じて、学校から正社員ルートへの「移行の失敗」、具体的な見通しや職業能力獲得を行わないファッション的な夢追いといったネガティブなフリーター像をアップデートし、新たなアプローチや支援のあり方を検討していくことは確かに不可欠である。例えば、フリーターを「移行の失敗」と捉えていた先行研究では、学校における職業ガイダンスの充実などによって、正社員として労働市場に出られるようにすることが支援策の一つとされてきた。しかし、フリーターや若者の働き方全体の変容を受け、必要であると考えられるのは、フリーターを回避する指導ではなく、正社員以外の働き方も含めた流動的なキャリアをいかに構築するかという指導だろう。また、職業能力獲得志向の高まりを受け、教育機関・訓練期間の利用や資格取得をどのように行うことが効果的で自らの希望に合致するかを教示できる支援なども必要

になると考えられる。

　しかし、こうしたフリーターに対するアプローチの大幅なアップデートが必要である反面、「あえて正社員ではなくフリーターという働き方を選んでいる層」というフリーター像が独り歩きすることは避けねばならない。フリーランスのように自らそうした働き方を選び取った者とみなしてしまうことは、フリーターに必要な支援を遠ざけてしまいかねない。フリーター像のアップデートと、引き続き支援が必要な層であるという認識とのバランスをうまく取り、景気の変動や産業構造の変化を注視しながら、若者のリアリティをいかに正確に捉えるか、微妙なさじ加減を模索していくことが求められるだろう。

＜参考文献＞

Bell, Daniel, 1973, *The Coming of Post-Industrial Society*, New York: Basic Books（＝ 1975, 内田忠夫訳『脱工業社会の到来（上・下）』ダイヤモンド社）.
De Bois-Reymond, M, 2005, *Youth-Learning-Europe: Manage a Trois?*, Young, Vol.12, No.3,
Esping-Andersen, Gøsta, ed., 1993, *Changing Classes: Stratification and Mobility in Post Industrial Societies*, SAGE Publications Ltd.
玄田有史，2001，『仕事のなかの曖昧な不安』中央公論新社.
本田由紀，2005，『若者と仕事』東京大学出版会.
小林大祐，2006，「フリーターの労働条件と生活―フリーターは生活に不満を感じているのか」太郎丸博編『フリーターとニートの社会学』世界思想社，pp.97-120.
小杉礼子，2003，『フリーターという生き方』勁草書房.
粒来香，1997，「高卒無業者の研究」『教育社会学研究』No.61，pp.185-209.
長松奈美江，2016，「サービス産業化がもたらす働き方の変化」『日本労働研究雑誌』No.666，pp.27-39.
日本労働研究機構，2000，『フリーターの意識と実態―97 人へのヒアリング結果より―』調査研究報告書 No.136.
日本労働研究機構，2001，『大都市の若者の就業行動と意識―広がるフリーター経験と共感』労働政策研究報告書 No.146.
労働政策研究・研修機構，2019，『若年者の就業状況・キャリア・職業能力開発の現状③―平成 29 年版「就業構造基本調査」より』JILPT 資料シリーズ No.217.
労働政策研究・研修機構，2021，『変化するフリーターの意識と実態―新型コロナ感染症拡大の影響を視野に入れたインタビュー調査から―』JILPT 資料シリーズ No.237.
労働政策研究・研修機構，2022，『大都市の若者の就業行動と意識の変容―第 5 回　若者のワークスタイル調査から―』JILPT 労働政策研究報告書 No.213.
下村英雄，2002，「フリーターの職業意識とその形成過程―『やりたいこと』志向の虚実」小杉礼子編『自由の代償／フリーター』日本労働研究機構，pp.75-99.
太郎丸博編，2006，『フリーターとニートの社会学』世界思想社.
上西充子，2002，「フリーターという働き方」小杉礼子編『自由の代償／フリーター』日本労働研究機構，pp.55-74.

第4章 東京に出た若者たち

堀　有喜衣

第1節　はじめに

　本章は、近年の若者の東京圏⇔地方圏の地域移動の全体像を整理し、地方から東京に出た若者たちの働き方や意識について明らかにすることを目的とする。

　若者の地域移動については多数の研究が存在するが（近年のレビューとして山口2018）、2014年の地方創生に関する議論以来、地方から東京圏へ若者が流出しているという、いわゆる東京一極集中が課題となってきた。他方でこれらの議論においては地方に住む若者に視線が向いており（羽淵2018・石井ほか2017）、東京へ移動した若者の実態については石黒・杉浦・山口・李（2012）を除くと十分に明らかにされていない。

　そこで本章では、国立社会保障・人口問題研究所が実施している「人口移動調査」の二次分析に基づき、東京圏⇔地方圏の移動の状況を個人に照準を合わせて明らかにする。それを踏まえ、当機構が2001年より5年ごとに東京都で実施している「若者のワークスタイル調査」の最新版（2021年調査）を用いて、東京圏出身者と地方圏出身者を比較しながらそれぞれの働き方や意識の実相について分析する。

第2節　人口移動調査からみる、東京圏と地方圏の間の地域移動

　東京一極集中が議論される以前、若者の社会学の先行研究においては、2000年代初めから地元志向の高まりについての研究が進んできた（片山・牧野2018）。それらの研究の多くは質的研究によるものであったが、若者の

生活世界が地元に密着した小さな世界になっているという指摘は共通しており、若者の地元志向を支えるだけの環境が整っていないことが問題視されてきた。他方で前述したように、2014年より東京一極集中に関する議論に基づき、様々な政策が展開されてきたことは周知の通りである。

そこで労働政策研究・研修機構（2014）は、国立社会保障・人口問題研究所が実施する「人口移動調査」第6回（2006年）・第7回（2011年）を二次分析し、出身地（中学卒業時の居住地）→最終学校卒業地（卒業者のみ）→初職地（初職正社員のみ）の移行プロセスを、都市（三大都市圏）／地方（三大都市圏以外）の二値変数によって捉えようとした。分析の結果、最近の若者世代は若い男性を中心に、地方から都市への移動、特に高卒者の就職時の移動、大卒者の進学時の移動が減少しており、全体として若い世代ほど地元に定着するようになっているという知見を得た。ただしサンプルサイズの制約から、東京圏を変数とした分析は難しく、大阪圏や名古屋圏も含めた大都市圏と地方との地域移動についての分析にとどまっていた。

しかしその後サンプルサイズを拡大して実施された「第8回人口移動調査」（2016年）について分析の機会を得ることができ、東京圏と地方圏との移動を分析することが可能となった[1]。本章の分析については基本的に労働政策研究・研修機構（2014）とほぼ同じ枠組みに拠っているが、分析軸を都市―地方から、東京圏―地方圏に変更した。分析においては、出身地から最終学歴地への移動を進学移動、最終学校学歴地から初職地までの移動を就職移動、そして出身地から最終学校卒業地を経由した初職地をOEJパターンと定義し、以下で分析する（図表4-1参照）。

また第7回調査においては都市部：東京圏（埼玉県・東京都・神奈川県・千葉県）・名古屋圏（愛知県・岐阜県・三重県）・大阪圏（京都府・大阪府・兵庫県・奈良県）とし、地方部：それ以外の都道府県、としていた。今回は東京圏（東京都・神奈川県・千葉県・埼玉県）を東京圏、それ以外を地方圏と定義して分析する。地域の把握は東京圏、地方圏それぞれの単位であるため、東京圏内の移動、地方圏内の移動については把握されない。今回はサン

1　本分析部分は国立社会保障・人口問題研究所「人口移動調査プロジェクト」の成果であり、調査票情報（個票データ）の利用については、統計法第33条の規定に基づき二次利用している。

図表 4-1　分析視角（OEJ パターン）

出身地（Origin: 中学卒業時の居住地）
　↓　進学移動
最終学校卒業地（Education: 最終学歴　本章では大学・大学院卒業者のみ）
　↓　就職移動
初職地（First Job: 初職正社員のみ）
出身地→最終学校卒業地→初職地を OEJ パターンと呼ぶ

プルサイズが大きい大学・大学院卒に限り、データはウエイトバックされた
データを用いるため N は示していない。OEJ パターン類型の詳細は次の通
りである。

東京圏定着：3 時点とも東京圏
東京圏・U ターン：東京圏→地方圏→東京圏
東京圏・進学時移動：東京圏→地方圏→地方圏
東京圏・就職時移動：東京圏→東京圏→地方圏
地方定着：3 時点とも地方圏
地方・U ターン：地方圏→東京圏→地方圏
地方・進学時移動：地方圏→東京圏→東京圏
地方・就職時移動：地方圏→地方圏→東京圏

　図表 4-2 から男性・大学・大学院卒の OEJ パターンを見ると、20 代と 30
代以上との間に地元定着について大きなギャップがある。「東京圏定着」「地
方定着」にいずれにおいても高くなっており、東京圏と地方圏間の移動も減
少している。特に減少しているのは進学時の移動である。
　この傾向は第 7 回調査においても見られていたが、第 8 回調査においてよ
り明確化した。本調査は 2016 年のため、2022 年現在はおおむねプラス 5 歳
となっており、大卒者の最低年齢が 22 歳と考えると、現在は 20 代後半から
30 代半ばとなっている。
　図表 4-3 によれば、女性についてもほぼ同様の傾向になっているが、特に
東京圏定着者の割合が増えていることが分かる。東京圏でも地方圏でも地元

図表 4-2　男性・大学・大学院卒の OEJ パターン

	20 代	30 代	40 代	50 代	60 代	70 代
東京圏定着	25.2%	20.2%	18.1%	20.5%	14.0%	18.6%
東京圏・U ターン	0.5%	1.2%	2.3%	1.3%	1.4%	1.3%
東京圏・進学時移動	1.5%	3.1%	3.0%	2.3%	2.3%	1.7%
東京圏・就職時移動	3.6%	3.4%	2.4%	4.0%	3.0%	0.5%
地方定着	33.8%	26.4%	25.1%	25.6%	24.6%	19.4%
地方・U ターン	8.8%	13.1%	14.6%	13.8%	15.0%	11.1%
地方・進学時移動	11.2%	19.1%	20.8%	21.0%	27.4%	30.3%
地方・就職時移動	6.0%	6.7%	6.1%	6.0%	6.2%	8.0%
分類不能	9.4%	7.0%	7.6%	5.5%	6.1%	9.0%
合計	100.0%	100.0%	100.0%	100.0%	100.0%	100.0%

出所：「人口移動調査（2016 年）」を二次分析。

図表 4-3　女性・大学・大学院卒の OEJ パターン

	20 代	30 代	40 代	50 代	60 代	70 代
東京圏定着	28.4%	20.4%	22.0%	22.3%	16.8%	16.9%
東京圏・U ターン	0.5%	0.9%	1.5%	0.6%	1.1%	0.0%
東京圏・進学時移動	1.8%	3.5%	2.5%	2.2%	2.8%	0.0%
東京圏・就職時移動	2.7%	1.2%	1.6%	2.2%	2.2%	0.0%
地方定着	37.7%	33.0%	31.8%	35.0%	28.1%	28.2%
地方・U ターン	8.5%	10.4%	12.0%	12.6%	13.0%	8.8%
地方・進学時移動	7.4%	17.6%	15.9%	12.1%	14.6%	17.0%
地方・就職時移動	5.5%	3.4%	3.4%	4.7%	3.9%	5.3%
分類不能	7.5%	9.5%	9.3%	8.3%	17.5%	23.8%
合計	100.0%	100.0%	100.0%	100.0%	100.0%	100.0%

出所：「人口移動調査（2016 年）」を二次分析。

への定着傾向が強まっており、東京圏⇔地方圏の移動そのものが小さくなっている。男性同様に進学時の移動が特に減少している。

　次に、地方圏出身者に限って分析してみても（図表 4-4）、20 代から 30 代の間に大きなギャップが存在する。つまり 2022 年現在では 20 代後半から 30 代半ばの層と、それ以上の年代層では、大学・大学院卒の地方⇔都市間

図表 4-4　大学・大学院卒の OEJ パターン（地方出身者のみ）

男性	20代	30代	40代	50代	60代	70代
地方定着	52.2%	38.8%	36.0%	37.5%	32.4%	27.4%
地方・Uターン	13.6%	19.2%	21.0%	20.2%	19.8%	15.7%
地方・進学時移動	17.2%	28.0%	29.8%	30.8%	36.1%	42.9%
地方・就職時移動	9.2%	9.8%	8.8%	8.7%	8.2%	11.4%
分類不能	7.7%	4.1%	4.4%	2.8%	3.6%	2.6%
合計	100.0%	100.0%	100.0%	100.0%	100.0%	100.0%
女性	20代	30代	40代	50代	60代	70代
地方定着	61.7%	48.5%	48.4%	52.4%	41.2%	41.6%
地方・Uターン	13.8%	15.3%	18.3%	18.9%	19.1%	13.0%
地方・進学時移動	12.1%	25.9%	24.2%	18.1%	21.4%	25.1%
地方・就職時移動	9.0%	5.0%	5.2%	7.1%	5.7%	7.9%
分類不能	3.4%	5.3%	3.8%	3.6%	12.5%	12.4%
合計	100.0%	100.0%	100.0%	100.0%	100.0%	100.0%

出所：「人口移動調査（2016年）」を二次分析。

の地域移動に変動があったことが示唆される。特にギャップが大きいのが上述したような、地方から東京圏への進学時移動の減少である。

　こうした2016年調査から見いだされる20代での上の世代とのギャップ、すなわち大学・大学院卒者の地元定着が進んできた背景には、高等教育政策の変更と20代が新卒者として労働市場に出た際の景気状況が関連していると解釈される。2016年の20代の大学・大学院卒者が大学に進学したのは、2006年〜2012年あたりであり、大卒者であれば2010年〜2016年あたりに新卒で就職している。

　この時期の高等教育政策について簡単に確認する。磯田（2022）によれば、第二次ベビーブームへの一時的な対応として認められた臨時定員は18歳人口が減る中でも維持されたが、潮木（2008）によれば大学収容率の大学進学に対する効果は大きく、特に東京、京都という大学の収容力がもっとも大きい県での収容力が上昇に転じ、90年代後半より東京都、京都府の高校生の大学進学率も特に上昇した。例えば遠藤（2022）によれば、1999年には東京の大学への入学者において首都圏出身女子が初めて地方圏出身男子を

上回るようになった（男子は 1979 年に首都圏出身男子が地方圏出身男子を上回っていた）。

　他方で、地方圏においても東京都ほどではないが、同じように収容率が上昇し、進学率も上昇した。濱中（2016）の学生調査を用いた分析によれば、90 年代以降に新設された地方大学は看護等の実学が多く見られ、地方出身・保護者が低所得・女子学生が多く分布している（濱中 2016）。

　家から通えるのであれば大学に進学するという進学行動が大学進学率を引き上げるのだとすると、地元の大学が入りやすくなればその地域の大学進学率は上昇する。東京圏の若者が地元である東京圏の大学に進学しやすくなり、また地方から東京圏への進学時に移動する必要がなくなり、東京圏⇔地方圏の移動の総量も低下したと推測される。

　なお大学・大学院卒だけでなく全学歴者を含めた小池・清水（2020）の分析によれば、45〜49 歳（2016 年調査）より若い年齢層において、現在東京圏に住む人々のうち東京圏出生割合が 70〜80％を占めるようになっており、人口学的な要因も根底にある。

　就職時の移動については、男女で傾向が異なっている。

　大卒者であれば 2010 年〜2015 年あたりに新卒で就職しているが、リーマンショックに直撃され、景気回復より前に就職した世代が多く含まれている。不景気になると企業は採用を控え、近場から採用するようになるのが一般的であるが、リーマンショックは特に製造業に打撃が大きく、男性に影響を及ぼした[2]。男性については地方から都市への就職時の移動が上昇していない理由として、新卒時の企業の採用行動の地理的変化も影響したことがうかがえる。

　ただし図表 4-4 によれば、女性の場合、地方出身者が就職時に東京圏に移動する割合は 30 代では 5.0％だったのが 20 代では 9.0％となっている。地方から東京圏への進学時の移動が 30 代では 25.9％だったのが 20 代では 12.1％に減少していることを鑑みると、女子については就職時の移動は微増していると見ることができる。

2　製造業就職者が多い高卒就職者に対する影響はより大きかった。高卒就職者の地元定着の詳細は、堀（2015）、労働政策研究・研修機構（2018）を参照。

第3節　東京に移動してきた若者の就業状況
—大学・大学院卒者についての分析—

　次に、2021年に実施した「若者のワークスタイル調査」を用いて、現在東京都に住む東京圏出身者と地方圏出身者の働き方と意識について比較検討する。ここでは東京圏出身者は一都三県の出身者とし、地方圏出身者はそれ以外の出身者とする（海外出身者や無回答は除く）。前章までの分析に併せて、大学・大学院卒者に限った分析である。また、現在専業主婦や学生については分析から除いている。以下のクロス表については、Pearsonのカイ2乗検定により10％水準で有意差が認められた知見のみ掲載している。

　はじめに、出身地と社会階層についてみる。学歴については父学歴に違いが見られた。若者の学歴は男性では地方圏出身者で高かったが（労働政策研究・研修機構2022）、出身地別では東京圏出身者の父親の学歴の方が高くなっており、男女とも同じ傾向であった。東京圏と地方圏の大学進学率の違いを考慮すると当然とも言える。

　母学歴の違いは見られなかった。なお生家の経済的豊かさについては男性では有意な差ではなかったが、女性については東京圏出身者の方が経済的に豊かと回答する割合も高かった（図表省略）。

　一般的に、東京圏には地方圏の中では経済的に豊かな層が移動してきているとされているが（石黒他2012）、東京都出身者と地方圏出身者の比較において、本人が大学・大学院卒に限った場合には男女とも東京圏出身者で父学歴が高く（図表4-5）、女性については東京圏の若者の方が地方圏出身の若者よりも経済的に豊かと答える割合が高くなっている。

　以下では若者本人の実態について確認する。

　現在の年収について、正社員に限って示したのが図表4-6である。男女とも地方圏出身者の年収が高くなっている。特に地方圏出身男性の年収は高い。

　東京圏に移動してきた地方圏出身者の収入が東京圏出身者よりも高いという点は、太田（2007）および太田（2016）でも確認されている。より詳細な分析である太田（2016）によれば、東京圏に入ってくる大学・大学院卒の男

図表 4-5　出身地と父学歴

		中学	高校	専門学校・各種学校	短大・高専	大学・大学院	該当なし	わからない	無回答	合計	N
男性	東京圏	3.4%	18.9%	4.8%	2.8%	64.7%	0.0%	4.6%	0.8%	100.0%	498
	地方圏	2.7%	27.5%	6.9%	4.1%	51.6%	0.5%	5.5%	1.1%	100.0%	364
女性	東京圏	1.0%	14.9%	5.6%	2.1%	69.2%	0.2%	5.8%	1.2%	100.0%	517
	地方圏	1.9%	28.5%	6.0%	4.1%	55.4%	0.4%	3.0%	0.7%	100.0%	267

出所：「第 5 回若者のワークスタイル調査」.

図表 4-6　出身地と現在の年収平均（現在正社員と公務員のみ）

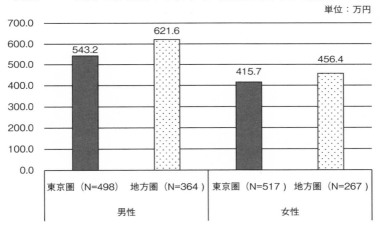

注：上下 5％を除く。
出所：「第 5 回若者のワークスタイル調査」.

性は、中学 3 年時の成績（自己評価）が高く、一般入試経験者で、理系で大学院卒が多いという。女性については収入の差が見られなかったが、配偶者がいない女性に限るとやはり男性と同じように転入者で収入が高い傾向が見られた。

　本稿では成績や入試形態、専攻については不明であるが、男性で大学・大学院卒のうち大学院以上（大学院中退を含む）が東京圏は 16.7％、地方圏は 23.9％を占めていた。図表 4-6 と同様の方法で算出すると（大学院卒のみ）、

東京圏が605万円、地方圏645万円となっていた。他方で女性は東京圏が8.8%、地方圏が10.6%とあまり違いはなく、サンプルサイズが小さいために平均収入を算出することは難しかったが、東京圏＜地方圏という傾向は維持されていた。また男女とも地方圏出身者は初職で専門・技術職の割合が高く、女性では勤務先の企業規模が大きい傾向があった（労働政策研究・研修機構2022）。よって地方圏出身者で、現在東京都で働いている大学・大学院卒の若者たちは、男性は院卒で専門・技術職の割合が高く、女性は専門・技術職、初職で大企業勤務の者の割合が高いため、相対的に東京圏出身者よりも収入が高くなりやすいと推測される。学歴にも初職勤務先にも恵まれた者が東京都に残っていると考えることもできる。

　また片瀬（2020）も東京都のオリジナルな調査から、コーホートが若くなるに従って首都圏流入者割合（非首都圏出身で、最終学歴を修了したのが首都圏である者）が低下していること、首都圏流入者の初職専門職率や初職大企業率が高くなっており、特に若いコーホートの男性において顕著であるという知見を導いている。学歴は大学・大学院卒に限られないデータであるが、先の太田の知見とほぼ一致しており、現在の首都圏流入者かつ現在東京都で働いている者は相対的に恵まれた位置にいると考えてよいだろう。

　次に正社員以外も含めて男性の職業意識について分析したところ（図表省略）、有意差があったのは（Pearsonのカイ2乗検定でp＜0.1）、男性では「専門的な知識や技術を磨きたい」のみであり、東京圏で90.8%、地方圏で95.3%と地方圏の方が高かった。よって男性の大学・大学院卒者は、これ以外の職業意識については、東京圏と地方圏であまり変わらなかったことになる。

　他方で女性について多くの項目で有意差が見られた（図表4-7）。

　地方圏出身者は定職志向も一社志向も弱く、他方で独立志向も高収入志向も高い。地方圏から東京都に出てきた大学・大学院卒の若年女性は、これまでの日本的な働き方に縛られない職業意識を持ち、アスピレーションも高いと考えられる。山口（2012）は、マスコミ関係やフランス語を活用する仕事を求めて、青森県から東京に出た大卒女性のキャリアをインタビューによって描き出している。阿部（2021）によれば、2000年代になって地方圏では

図表 4-7　出身地と職業意識（「そう思う」「ややそう思う」の合計）：女性

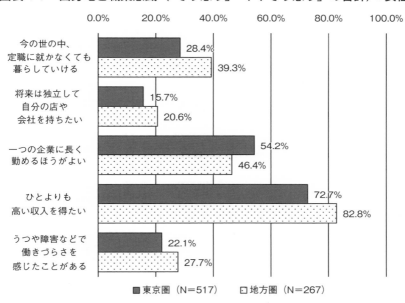

出所：「第５回若者のワークスタイル調査」.

専門職の中でも保険医療従事者や社会福祉専門職業従事者の比率が増加しているが、大都市圏では専門技術職の中でも、技術や研究、文化の専門職従事者が増加していることを指摘している。こうした仕事の多くは東京に集中しがちであるが、文化的な仕事は高学歴女性に人気の職業でもある。東京都への移動のプル要因は、特に女性に対して強く働きやすいようにも解釈できる。

　ただし同時により働きづらさを感じているのは、野心の高さゆえの反動であるのか、あるいは都内に実家というセーフティネットがないためであるのかもしれない。

　現在の生活への評価をみると（図表 4-8）、男性について、「これまでの進路選択は順調であった」「自分の生活は、周囲の人からうまくいっていると思われている」「将来の見通しは明るい」「経済的に自立している」「努力次第で将来は切り開けると思う」において、地方圏出身者で高い。地方圏出身

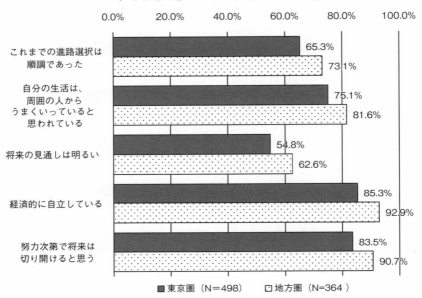

図表 4-8　出身地と現在の生活への評価・満足度
（「そう思う」「ややそう思う」の合計）：男性

これまでの進路選択は
順調であった
65.3%
73.1%

自分の生活は、
周囲の人から
うまくいっていると
思われている
75.1%
81.6%

将来の見通しは明るい
54.8%
62.6%

経済的に自立している
85.3%
92.9%

努力次第で将来は
切り開けると思う
83.5%
90.7%

■東京圏（N＝498）　□地方圏（N＝364 ）

出所：「第 5 回若者のワークスタイル調査」.

男性の方が東京圏出身の男性よりも、これまでの自分や将来に自負を持って
いるように見える。

　女性については（図表 4-9）、「経済的に自立している」「努力次第で将来
は切り開けると思う」で地方圏出身女性が高く、経済面での自立を重視し、
将来を切り開くという気持ちが強い点は、先に見たアスピレーションの高さ
と呼応している。ただし「仕事以外に生きがいがある」という点は東京圏出
身女性で地方圏出身女性よりも高く、地方圏出身女性が仕事中心の生活を
送っていることがうかがえる。なお「若者のワークスタイル調査」には専業
主婦や学生は含まれていないが既婚者が含まれているため、女性について結
婚の影響を統制してみたが、この 3 項目については地域差が残った（図表は
省略）。

　次に、これまでのキャリアを整理したキャリア類型を見ると、男性につい

図表 4-9　出身地と現在の生活への評価・満足度
（「そう思う」「ややそう思う」の合計）：女性

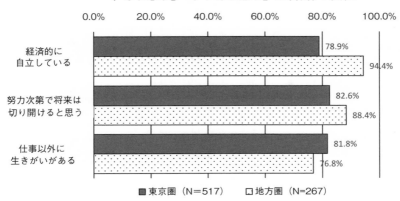

出所：「第 5 回若者のワークスタイル調査」.

ては（図表 4-10）、地方圏出身者で「正社員定着」「正社員転職」のいずれも高く、新卒時から正社員継続者の割合が高い。他方で東京圏出身者は「他形態から正社員」で高く、新卒時は無業や非正社員でその後正社員に移行した割合が高くなっている。

　女性についても同様の傾向があり（図表 4-11）、「正社員定着」「正社員転職」は地方圏で高く、非典型一貫は東京圏で高い。女性については結婚・出産や、配偶者の転勤による随伴移動もあるので解釈は難しいが、正社員継続者は地方圏出身女性の方が高い。

　最後に未婚率を地域別にみたところ（図表省略）、大学・大学院卒について、男性の未婚率は東京圏出身者が 51.0%、地方圏出身者が 38.7%、女性の未婚率は東京圏出身者が 62.5%、地方圏出身者が 50.9% であった。よって男女とも東京圏出身者で未婚率が高くなっていた。

　本調査は東京都の在住者しか扱っていないが、茂木ほか（2018）のモニター調査によれば、「非首都圏で生まれ育ち、就職等に伴い上京している」「首都圏（東京都）で生まれ育ち、実家暮らしをしている」層の結婚確率は、非首都圏で移動をしていない者に比べて低い。また「人口移動調査」を用いた山内他（2020）の結婚出生力（有配偶女性の平均こども数）の分析に

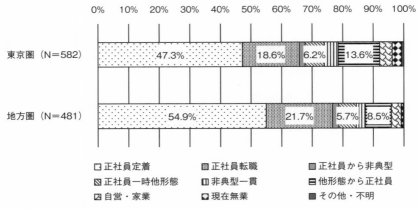

図表 4-10　男性のキャリア類型

凡例：
□ 正社員定着　　　　田 正社員転職　　　　　■ 正社員から非典型
N 正社員一時他形態　Ⅲ 非典型一貫　　　　　目 他形態から正社員
☒ 自営・家業　　　　◪ 現在無業　　　　　　■ その他・不明

出所：「第 5 回若者のワークスタイル調査」.

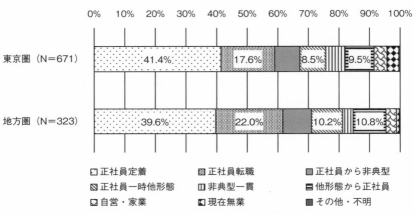

図表 4-11　女性のキャリア類型

凡例：
□ 正社員定着　　　　田 正社員転職　　　　　■ 正社員から非典型
N 正社員一時他形態　Ⅲ 非典型一貫　　　　　目 他形態から正社員
☒ 自営・家業　　　　◪ 現在無業　　　　　　■ その他・不明

出所：「第 5 回若者のワークスタイル調査」.

よれば、もし非東京圏から東京圏への移動がなかったとしても、非東京圏からは結婚出生力の低い人々が東京圏に流出し、東京圏にとっては同じような結婚出生力の人々が流入してきたので変化はなかった可能性が示唆されてい

る [3]。さらなる検討が必要である。

第 4 節　おわりに

　本章は東京に出た若者たちについて分析を大学・大学院卒に絞り、東京圏と地方圏の地域移動の状況を「人口移動調査」（2016 年）から整理し、現在東京都に住んでいる若者について「若者のワークスタイル調査」（2021 年）から概観してきた。

　東京圏と地方圏の若者の地域移動については、2022 年現在はほぼ 30 歳前後になっている若者層（2016 年調査では 22〜29 歳）とそれ以上の年齢層では異なっており、若者層については東京圏においても地方圏においても地元に定着するようになっていた。この要因は高等教育政策と新卒時の労働市場に主に求められるが、女性については地方圏から東京圏への就職時の移動は微増していた。その後コロナの影響がどのように現れたのかについては本データからは確かめられないが、長期的な流れであるため、この傾向は維持されている可能性がある。

　また働き方や職業意識については、男女により傾向が異なっていた。男女とも共通していた点として地方圏出身者の収入が東京圏出身者よりも高かったが、男性では院卒・初職専門技術職割合が高く、女性では初職専門技術職が多く初職大企業割合が高いことが寄与していた。

　男性については、地方圏出身男性のキャリアは安定しており、自らの状況に対する評価が高かった。自ら勝ち取ったという自負がそのような意識に結びついているのだろう。職業意識については、専門職志向が地方圏出身者で高かったが、他の項目について差は見られなかった。

　女性については、今回は専業主婦を除いているため有職女性に限られているが、地方圏出身者で正社員を継続している者が多かった。また職業意識については差があり、地方圏出身女性はこれまでの日本的な働き方に縛られな

3　ただし新しいコーホートでは、非東京圏で移動がない者で平均こども数が多くなっているが、東京圏出身者および地方圏から東京圏に移動してきた者の双方で平均こども数が減少しており、差が開いた。また地域や移動経験よりも晩婚化の影響が大きくなっている。

い新しい意識を持ち、将来へのアスピレーションも高かった。地方圏から東京に出た若年女性は、東京圏出身女性に比べて、いわば「革新的」な意識を持っている層とも受け止められる。パネルデータではないため因果関係ではないものの、男性では出身地による違いがあまりないため、若年女性が東京に出た理由としてジェンダー、すなわち社会・文化的な要因が絡んでいることが推測される（もちろん東京に住むことが出身地による違いの拡大に寄与した可能性もある）。林（2015）は、女性の活躍度が高い都道府県ほど平均所得が高く、女性がとどまる傾向があると指摘している。なお世代の地方在住の若者との比較は、2022 年より開始した新しいプロジェクト研究において今後地域を絞って実施を予定している[4]。

＜参考文献＞

阿部誠，2021，『地域で暮らせる雇用－地方圏の若者のキャリアを考える－』旬報社.
遠藤健，2022，『大学進学にともなう地域移動―ミクロ・マクロデータによる実証的検証―』東信堂.
羽淵一代（代表），2018，『青森 20－30 代住民意識調査』マツダ財団。
林玲子，2016，「女性の活躍と人口移動」ビジネスレーバートレンド 5 月号。
濱中義隆，2016，「学生調査から見た私立大学の学生・教育」『私立大学等の振興に関する検討会議』第 1 回発表資料．
堀有喜衣，2015，『高校就職指導の社会学－「日本型移行」を再考する－』勁草書房．
石井まこと・宮本みち子・阿部誠，2017，『地方に生きる若者たち』旬報社。
磯田文雄，2022，「第二次ベビーブームへの対応－なぜ私立大学はつぶれないのか」日本高等教育学会資料．
石黒格・杉浦裕晃・山口恵子・李永俊，2012，『東京に出る若者たち』ミネルヴァ書房.
片瀬一男，2000，「東京圏住民の教育達成と地域間移動」橋本謙二・浅川達人『各社社会と都市空間』鹿島出版会。
片山悠樹・牧野智和，2018，「教育社会学における『地方の若者』」教育社会学研究第 102 集.
小池司朗・清水昌人，2020，「東京圏一極集中は継続するか？―出生地分布変化からの検証―」『人口問題研究』76-1，pp.80～97
茂木暁、嶋田裕光、中村かおり、久保大輔、渡辺真成，2019，「首都圏の人口が集中する地域に在住する若年者の結婚と生活環境に関する調査研究～地域移動の役割に注目した分析結果～」New ESRI Working Paper No.47.
太田聡一，2007，「労働市場の地域間格差と出身地による勤労所得への影響」樋口美雄・瀬古美喜『日本の家計行動のダイナミズムⅢ経済格差変動の実態・要因・影響』慶応大学出版会.
太田聡一，2016，「東京圏への転入者の仕事・所得・Uターン志向」Works Discussion Paper Series No.11.
労働政策研究・研修機構，2015，『若者の地域移動－長期的動向とマッチングの変化－』資料シリーズ No.162.

4　羽淵らの青森・広島の調査によれば、総じて若者の生活や人生の見通しにはそれほど地域差は見いだされていない。

労働政策研究・研修機構，2018，『日本的高卒就職システムの現在 − 1997 年・2007 年・2017 年の調査から−』労働政策研究報告書 No.201.

労働政策研究・研修機構，2022，『大都市の若者の就業行動と意識の変容−「第 5 回若者のワークスタイル調査」から−』労働政策研究報告書 No.213.

潮木守一，2008，「大学進学率上昇をもたらしたのは何なのか」教育社会学研究 No.83.

山口恵子，2012，「大卒女性の大都市移動とローカルネットワーク」石黒格・杉浦裕晃・山口恵子・李永俊『東京に出る若者たち』ミネルヴァ書房.

山口泰史，2018，『若者の就職移動と居住地選択：都会志向と地元定着』古今書院.

山内昌和・小池司朗・鎌田健司・中川雅貴，2020，「東京大都市圏と非東京大都市圏および全国の結婚出生力に関する人口移動の影響」『人口問題研究』76-2.

第 5 章

「就職氷河期世代」の実像

小杉　礼子

第 1 節　はじめに

　2019 年の国の「経済財政運営と改革の基本方針」では、雇用環境が厳しい時期に就職活動を行った「就職氷河期世代」に対して、政府を挙げて 3 年間の集中支援を行うとされ、様々な就業支援策が講じられてきた。さらに、2021 年年末の「就職氷河期世代支援に関する行動計画 2021」では、「就職氷河期世代の方々はそれぞれに事情が多様であり、就職氷河期世代への支援は、セーフティーネットによる支援や再就職・人材育成支援をはじめ、息長く取り組んでいくべき課題である」とされ、長期的に取り組む方向が示された。

　本章では、その「就職氷河期世代」の就業に関わる実像について、労働政策研究・研修機構の第 4 期プロジェクト研究によって得られたデータと知見を軸に検討していきたい。

第 2 節　就職氷河期世代とは

　就職氷河期世代は、1990 年代半ばから 2000 年代半ば、特に 1993 年～2004 年に学校を卒業した世代だとされる。まず、その卒業時の新卒労働市場の状況をみよう。図表 5-1 には、高卒と大卒について、卒業年ごとの求人倍率（＝新規学卒者を対象とした求人が就職希望の学生・生徒一人当たり何口あるか）を示した[1]。枠で囲った部分が、1993 年から 2004 年にあたる。

　どちらの学歴の求人倍率も、枠囲いの中の前半は急速な下落から若干持ち

1　高卒については、卒業年の 3 月時点、大卒の場合は就職活動や内定の時期が早いので卒業の前年に調査したものを示している。

図表 5-1　新規大卒及び新規高卒就職者の求人倍率の推移と 22 歳人口

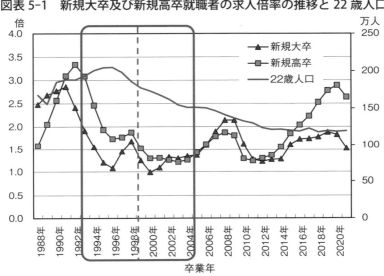

出典：新規大卒はリクルートワークス研究所調べ（卒業年の前年）、新規高卒は厚生労働省（卒業年 3 月時点、ハローワーク求人）、22 歳人口は 7 年前の中学卒業者数。

直し、後半は低い水準のまま推移している。バブル景気崩壊後の平成不況から IT バブル崩壊不況の影響があった時期である。この後、2010 年卒ではまた急落している。リーマンショック後の不況の影響である。ただ、こちらは短期で回復した。景気が改善すれば、既卒でも第 2 新卒などの形での応募機会が増える。しかし不況期が長ければそうした機会にも恵まれない。「就職氷河期世代」が生まれた一つの背景は、新規学卒採用の慣行が広く根付く中での長期の不況だといえる。

　ここでもう一つの背景も指摘しておきたい。それは人口である。図中には、平均的な大学卒業年齢である 22 歳人口の推移も書き加えた。その山が就職氷河期の前半と重なっている。山のピークが団塊ジュニア世代にあたる。問題の背景の一つは人口の多い世代の卒業期に不況に重なったことである。22 歳人口で足し上げれば、就職氷河期の前半にあたる 1993 年〜1998 年のそれは計約 1,190 万人、その後の例えば 2005 年から同じように 6 年間を

足し上げても860万人にしかならない。300万人以上多いのである[2]。就職氷河期世代の前半は人口の多い世代でもある。後半に比べれば新卒求人倍率はさほど低くはなかったが、人口の多さが問題を大きくしたのではないかと推測される。ただし、団塊ジュニア世代のうちでも高卒で就職した人は、バブル景気の恩恵を受けて、就職はむしろ絶好調だった。就職氷河期世代にあたる年齢は学歴によって異なる。現在（2022年）の年齢でいえば、大卒だとほぼ40～51歳、高卒だとほぼ36～47歳となる。

第3節　現在の就業状況

　では、その就職氷河期世代の人の現在の就業状況がどうなっているか、国の統計からみてみよう。直近（2021年）の状況がわかる「労働力調査」（総務省統計局）を用いる。前述のとおり学歴によって現在の年齢は異なるのだが、2021年にはおよそ35～49歳の幅におさまる。そこで図表5-2の枠囲いの部分（男女別のそれぞれ中段）には、同調査の2021年の結果から、35～49歳層の就業状況を示した。

　2021年の35～49歳層の同年齢人口に対する正規の職員・従業員（以下、正社員と呼ぶ[3]）の割合は、男性で74％、女性で35％であった。図の上段には一つ上の世代である50～54歳層の就業状況を示したが、男女とも明らかにこちらのグラフのほうが就職氷河期世代より正社員割合は低い。

　上の世代の正社員割合が低いのは、50歳台になって会社勤めを辞めて自営しようとか、短時間の非正規雇用に移ろうといった、加齢に伴う行動の結果である可能性もある。そこで、15年前の同調査における35～49歳層の就業状況とも比べてみよう。これが枠囲いの下のグラフである。これをみると男性については、グラフの形は大きくは変わらないが、正社員割合はややこちらのほうが低い。女性も15年前の同年齢層のほうが正社員割合は低い。

2　学歴によって卒業時の標準的年齢は異なるので、本来は学歴ごとに年齢を変えて足し上げるべきだが、1992年までの卒業者よりも、また就職氷河期後半の卒業者よりも多くなることは変わらないため、ここは単純に22歳人口から算出した。

3　正規の職員・従業員以外の雇用者をここでは非正規雇用と呼ぶ。また、出典によっては非典型雇用という用語も用いるが、この両者に違いはない。

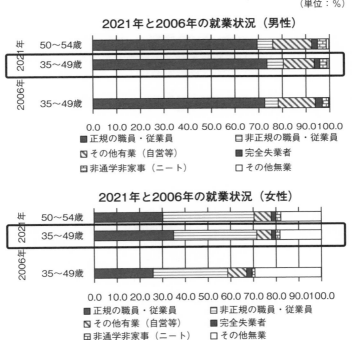

図表 5-2 就職氷河期世代（35〜49 歳）の就業の現状
（2021 年と 2006 年との比較）

（単位：%）

出典：総務省統計局「労働力調査」基本集計（各年）。なお 2006 年の基本集計には雇用形態別がないため、同年の詳細集計における同年齢層の正規・非正規の割合を求め、これを反映して作図した。

この 15 年で女性の社会進出が進んだことの反映でもあると思われるが、やはり前の世代のほうが正社員割合が低いことは明らかである。現在の就業状況を他の世代と比べてみれば、就職氷河期世代が政策的支援を続けるべき特別に恵まれない世代といえるのか、疑問が生じる。

第 4 節　これまでのキャリアと課題

　この世代の何が問題なのか。学校卒業時点で、就職環境に恵まれなかったことは間違いない。そこからの職業キャリアを調査データから探ってみよ

う。労働政策研究・研修機構（2019）では、「平成29年版　就業構造基本調査」（総務省統計局）の2次分析を行い、そのキャリアの特徴等を検討している。この「就業構造基本調査」は5年おきに実施されており、直近のものは2017年10月実施で、全国の約52万世帯、約108万人が対象となった。大規模な調査だけに、性別と年齢に加えて学歴でも細分して検討することができる。以下ではこの分析結果を用いて検討する。

　さて、この調査では現職についてばかりでなく、転職経験があれば直前の仕事（＝前職）さらに学校を出て最初の仕事（＝初職）についても尋ねており、3時点の就業状況がわかる。これをつなげることでこれまでのキャリアを類型化して検討してみよう。

　まず、この3時点の就業状況（無業か有業か、正社員かそれ以外の働き方か、正社員で転職を経験しているか）の組み合わせから、次のようなキャリアの8つの類型を作成した（この他、経歴が不明な一群がある）。

「正社員定着」：初職が正社員で定着し、現在も同じ仕事に就いている。
「正社員転職」：転職を経験しているが初職も、前職も現職も正社員である。
「正社員一時非典型」：初職と現職は正社員だが、前職は正社員以外である。
「他形態から正社員」：現職は正社員だが、初職は正社員以外である。
「非典型中心」：現在は非典型雇用[4]で、初職も正社員ではない。
「正社員から非典型」：現在は非典型雇用で、初職は正社員である。
「自営・手伝い」：現在は自営または自営の手伝い。
「無業」：現在は無業。

　さらにこの調査では学校卒業年がわかる。そこで卒業年を分けてこの類型の構成を見ることで、就職氷河期世代のキャリアのどこが他の世代と異なるかがわかる。（なお、図表5-3，図表5-4では「正社員定着」のうち、初職入職年が学校卒業年の6月までであった場合を「新卒定着」として「その他正社員定着」と分離して示した。）

4　非典型雇用は勤務先での呼称がパート、アルバイト、労働者派遣事業所の派遣社員、契約社員、嘱託、その他である者。本文では「非正規雇用」という用語を用いているが、同義である。

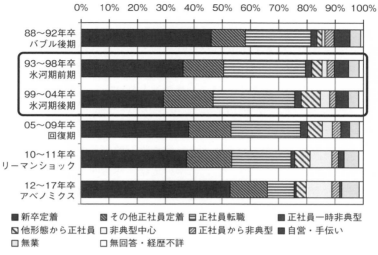

図表 5-3 卒業年グループ別キャリアの構成（大卒・男性）

出典：労働政策研究・研修機構（2019）

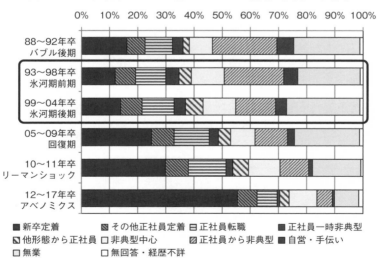

図表 5-4 卒業年グループ別キャリアの構成（大卒・女性）

出典：労働政策研究・研修機構（2019）

まず、図表 5-3 は男性の大卒者についてである。枠で囲った 2 つの帯グラフが就職氷河期世代[5]である。この 2 つは明らかに左端の濃い部分が小さい、すなわち「正社員定着」のうちの「新卒定着」型のキャリアの人が少ないのである。就職環境に特に厳しかった「氷河期後期」で特に少ない。

　一方で就職氷河期世代では「正社員転職」型は他の世代より多い。就職氷河期世代より上の世代である「バブル後期」よりも定着者が少なく転職者が多いことから、就職氷河期世代は特に転職者が多い世代だといえる[6]。おそらく卒業時の就活で苦戦した結果、当初の志望とは異なる先に就職したケースが他の世代より多かったのだろう。それが後の転職の多さにつながる可能性は高い。さらに「氷河期後期」世代については「他形態から正社員」型がほかのどの世代よりも多い。新卒の時に正社員での内定が取れなかった人たちが、いったんは非正規の仕事に就き、後に正社員になるチャンスを得たものと思われる。

　図の掲載は省くが、労働政策研究・研修機構（2019）では高卒者[7]についても同様な図を作成して検討している。そこでもやはり就職氷河期世代（とりわけ「氷河期後期」世代）においては「正社員定着」型が年長の世代より少なく、「他形態から正社員」型は多かった。「他形態から正社員」型は大卒の同世代に比べても特に多く、高卒者のほうが最初に非正規雇用に就いた者が多かったことを反映している。

　次の図表 5-4 は女性の大卒者についてである。枠囲いをした 2 つの帯グラフが就職氷河期世代である。女性の場合、出産などを機に正社員の職を辞め、専業主婦になったりパートなどで再就職したりすることが多いので、最近の卒業者である「アベノミクス期」卒では「新卒定着」が多いが、年長の世代になるほど定着型は少なく、「正社員から非典型」が多い。

5　「平成 29 年版　就業構造基本調査」では、学校卒業年は 1988 年以降について把握されている。そこで 1988 年以降の卒業者のみを対象とした。また時期の区分は新卒求人倍率の推移に対応して、1988〜92 年卒を「バブル後期」、1993〜98 年卒を「氷河期前期」、1994〜2004 年卒を「氷河期後期」、2005〜10 年卒を「回復期」、2010〜11 年卒をリーマンショック期、2012〜17 卒を「アベノミクス期」世代とした。

6　新卒就職先から転じる人が加齢とともに増えることは一般的であり、下の世代より転職割合が高いことは、特に就職氷河期世代の特徴とは言えない。

7　高卒者については、30〜39 歳層を就職氷河期世代として検討している。

こうした女性に多い行動の結果、図表 5-3 とはグラフの形状は大きく異なるものの、就職氷河期世代の特徴として大卒男性について指摘した、上の世代よりも「正社員定着」型が少なく「他形態から正社員」が多いという点は共通している。就活時の苦戦がこうした形でキャリアに現れている。

ここで掲載は省くが、労働政策研究・研修機構（2019）では高卒女性についても作図して世代別のキャリアを検討している。そこから就職氷河期世代（特に「氷河期後期」）の高卒女性には、「他形態から正社員」型が多いことを指摘している。

また、同書の巻末資料には他の学歴についても同様のデータを提示しており、そこからは男性の専門学校卒、短大・高専卒、および大学院卒において同様に就職氷河期の卒業者のほうが年長の世代より「正社員定着」の割合が低い傾向があることが分かる。

これらのデータから、就職氷河期世代のキャリアは、全般に前の世代に比べて「正社員定着」型が少なく「他形態から正社員」型などが多いことが明らかになった。しかし、図表 5-2 にみたとおり 2021 年現在の正社員割合は前の世代と変わらない水準だし、図表 5-3、図表 5-4 においても（言及はしなかったが）、「新卒定着」型から「他形態から正社員」型までを合計した現在正社員である者の割合は、前の世代と変わらないか、より多い。現状は正社員になっているのなら、就職氷河期世代の何が問題なのか。

正社員であっても就職氷河期卒業であったことの負の影響は、例えば賃金に現れている。日本人の生涯賃金が 1990 年代前半以降、長期的に減少傾向にあることは近年よく指摘されるところである。非正規雇用が増えたこともその要因として挙げられるが、フルタイムの就業者に限っても減少している（労働政策研究・研究機構　2021）。

図表 5-5 はここまで見てきたキャリア類型と賃金の関係である。労働政策研究・研究機構（2019）において「就業構造基本調査」をもとに推計されたものである。就職氷河期世代は、2017 年実施のこの調査では、高卒なら 31〜42 歳、大卒なら 35-46 歳にほぼあたるが、ここでは学歴計で扱うため、35〜44 歳を就職氷河期世代として取り上げる。

この表では、就職氷河期世代の正社員について、キャリア類型別に年収と

図表 5-5　就職氷河期世代（35～44 歳）正社員のキャリア類型別労働時間と収入

キャリア類型	男性		女性	
	週労働時間 （時間）	年収 （万円）	週労働時間 （時間）	年収 （万円）
正社員定着	47.4	530.7	42.1	378.5
正社員転職	47.8	453.6	41.2	315.5
正社員一時非典型	47.7	380.5	40.5	271.4
他形態から正社員	47.9	400.7	41.8	293.9

注：週労働時間は、「だいたい規則的に」または「年間 200 日以上」働いている場合のみ。
出典：労働政策研究・研修機構（2019）

週労働時間をみている。労働時間はキャリアによってはあまり違わないが、年収は大きく異なる。男女とも「正社員定着」、いわゆる生え抜き層の年収が最も高く、「正社員転職」がこれに次いで、「正社員一時非典型」と「他形態から正社員」の２つの類型はかなり低い。非正規雇用や無業を経験した人たちの賃金が特に低いのである。その差は歴然としている。

　この差の背景に「正社員定着」型は大企業に多いとか、勤続年数が違うとか、いくつかの理由が考えられるが、ここで改めて強調したいのは就職氷河期世代には「正社員定着」型が少なく、年収の低いそのほかの類型の人が多いことである。労働政策研究・研修機構（2019）では、さらにこの世代の正社員の学歴を分けて 2012 年調査の同年齢層の年収と比較しているが、大卒男女の 40～44 歳層、及び高卒女性の 35～39 歳層においては、2012 年調査よりその水準が下がっていた。いずれも 2012 年における同年齢層は就職氷河期以前の世代である。その低下の背景に、キャリアの変化があることは間違いないだろう。

　就職氷河期世代は人口の多い世代である。こうしたキャリアの人たちが正社員になったとしても賃金水準が低いことは、個人にとっても問題だが、同時に我が国全体の賃金が伸びないことにもつながっていよう。

　こうした低賃金にとどまる状況を打開するためには生産性の向上が必要だとされるが、それを個人に引き付けていえば、職業能力開発が重要だということだろう。その職業能力開発も実施状況もこれまでのキャリアによって異

なっていた。「就業構造基本調査」では、過去 1 年間の職業能力開発の経験についても設問がある。この回答を見ると、現在正社員である 35〜44 歳において、勤務先による教育訓練を受講した者は「正社員定着」型では 42% であり、「他形態から正社員」（32%）や「正社員一時非典型」（30%）より明らかに多かった。非正規雇用や無業を経験した正社員は賃金水準が低いばかりでなく、職業能力開発の機会にも恵まれていないのである。

　繰り返しになるが、就職氷河期世代の正社員にはこうした非正規経験等の経験がある人が他の世代より多く、また、この世代はそもそも人口が多い。この層の職業能力開発を支援し、賃金の向上につなげていくことは個人にとっても、日本経済にとっても重要である。

第 5 節　非正規雇用の問題

　ここまでは正社員についてみてきたが、次に非正規雇用に目を転じよう。2017 年の「就業構造基本調査」から得られるこの世代の非正規雇用者の状況をそれ以前の調査における同年齢層と比較することで、就職氷河期世代の非正規雇用の問題を考える。

　まずこの世代の非正規雇用者の数だが、2017 年時点での 35〜44 歳とした場合、労働政策研究・研修機構（2019）では、約 392 万人（男性 72 万人、女性 320 万人）としている。同（2009）では「平成 19 年版　就業構造基本調査」に基づき、約 362 万人（男性 60 万人、女性 302 万人）としており、10 年前の同年齢の世代より約 30 万人多い。同年齢人口（在学者を除く）に対する割合としては、男性で 6.8% から 8.2%、女性で 34.6% から 37.6% と割合でも増えている。

　この増加の内訳を少し立ち入って検討する。図表 5-6 は、学歴と性別を分け（高卒と大卒を取り上げる）、また氷河期前期と後期に分けて 10 年前の同年齢層と比較してみたものである。なお、高卒については就職氷河期世代として前期世代は 30〜34 歳、後期世代は 35〜39 歳と、より実際に近い年齢層を取っている。

　まず、高卒についてみる。非正規雇用割合は男女とも、いずれの年齢層で

図表 5-6　就職氷河期世代[*1]の非正規雇用者数と割合[*2]：10 年前の同年齢層との比較

		男性				女性			
		30〜34 歳		35〜39 歳		30〜34 歳		35〜39 歳	
		2017 年	2007 年	2017 年	2007 年	2017 年	2007 年	2017 年	2007 年
高卒	非正規雇用割合（%）	13.9	11.2	10.7	8.4	39.9	33.8	42.4	37.8
	非正規雇用者数（千人）	147	194	141	162	369	524	467	721

		男性				女性			
		35〜39 歳		40〜44 歳		35〜39 歳		40〜44 歳	
		2017 年	2007 年	2017 年	2007 年	2017 年	2007 年	2017 年	2007 年
大卒	非正規雇用割合（%）	6.1	4.5	4.8	3.1	24.7	19.2	30.9	25.8
	非正規雇用者数（千人）	83	65	74	41	252	127	283	137

出典：労働政策研究・研修機構（2009，　2019）より筆者作成。
注：＊1　高卒については、2017 年における 30〜39 歳（前期、後期に 2 分）、大卒については同 35〜44 歳（前期、後期に 2 分）を就職氷河期世代としている。
　　＊2　非正規雇用割合は学校在学者を除く同年齢人口に対する割合。

も 10 年前の同年齢層より高まっている。特に女性は 5〜6％ポイントと増加幅が大きい。ところが、非正規雇用者数を見ると 10 年前より大幅に減じている。合わせれば 48 万人近くの減である。割合で増えて実数で減っているのは、高卒学歴の人が大幅に減っているからである。

　大卒の表を見ると、割合は高卒と同じように男女ともいずれの年齢層でも増えているおり、女性の増加幅が大きいことも共通している。高卒とは異なるのは実数のほうで、これは大幅に増えており、合わせれば 32 万人の増となる。特に女性は大幅に増えて 2 倍前後になっている。また男性の「氷河期前期」にあたる 40 歳代前半での伸びも大きい。

　背景にあるのはまず大学進学率の上昇である。就職氷河期世代は高学歴化が進んだ世代でもあり、そこに不況が重なって大卒の非正規雇用者が多くなった。女性において増加幅が大きいのは専業主婦の減少によるところが大きく、また、「氷河期前期」で伸びが大きいのは人口が多いことによろう。10 年前の同じ年齢層の非正規雇用者とはこれらの点で異なっている。

　では正社員になる希望などの意識の面では違いがあるのか。同調査には現在の仕事の継続意志を問う質問があるのでまずこれをみる。図表5-7では、就職氷河期世代（35〜44歳）の非正規雇用者のキャリア別に「他の仕事にかわりたい」とした人の割合を見た。2017年のそれは男性の2〜3割、女性の15%前後にとどまっている。10年前の同年齢層と比べるといずれの数値も下がっている。特に男性の「正社員から非典型」型では10%ポイントほどの大きな低下となっている。

　2017年時点で、転職希望をもつ35〜44歳の非正規雇用者数は男性で約17万人、女性で約51万人であった。この転職希望者に希望する働き方を尋ねると、男性では4分の3が正社員を希望し1割弱は起業や家業従事を希望していた。女性では半数が正社員を希望し、起業・家業従事希望は3%程度であった（他は非正規職を希望）。

　非正規雇用を辞めて正社員に転職したいという希望が明らかなのは氷河期世代の非正規雇用者約392万人のうち約39万人で、思いのほか多くない。その理由はいくつか考えられる。まず、正社員への希望を持っていた非正規雇用者の多くはすでに正社員として転職した可能性である。図表5-3、図表5-4でみた通りこの世代は他の世代より「他形態から正社員」型が多かった。

　さらに次の図表5-8を見ると、この世代のパート・アルバイト就業者が減少した過程を見ることができる。図表自体はフリーター数の推移を世代ごとに見たものだが、フリーターは大半がパート・アルバイト就業者であり、ここで問題にしている非正規雇用者と重なる部分が大きい。図の折れ線の1本

図表 5-7　就職氷河期世代（35〜44 歳）非正規社員のキャリア別転職希望者割合：10 年前の世代との比較

単位：%

キャリア類型	男性				女性			
	35〜39 歳		40〜44 歳		35〜39 歳		40〜44 歳	
	2017 年	2007 年	2017 年	2007 年	2017 年	2007 年	2017 年	2007 年
非典型中心	22.7	28.7	21.9	23.6	15.4	17.2	15.9	18.6
正社員から非典型	29.1	39.9	25.9	34.1	13.0	20.9	14.6	19.4

出典：労働政策研究・研修機構（2009，2019）より筆者作成。

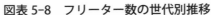

図表 5-8　フリーター数の世代別推移

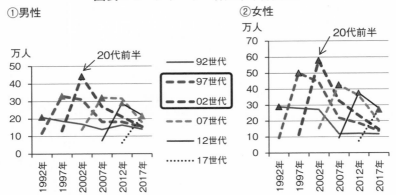

出典：労働政策研究・研修機構（2019）
注：「フリーター」は、年齢が 15～34 歳で、女性については未婚に限定し、有業者については勤め先における呼称がパートまたはアルバイトである雇用者、無業者については、家事も通学もしておらず、パート・アルバイトの仕事を希望する者である。ただし、ここではより高い年齢まで含めて示している。世代名は、当該世代が 20 歳代前半であった西暦年である。

1 本が 5 歳ごとに区分した世代のパート・アルバイト就業者数の推移である。世代名はその世代が 20 歳代前半であった時の西暦である。「97 世代」と「02 世代」、さらに「07 世代」の一部が就職氷河期世代にあたる。

　男女とも、どの世代も 20 歳代前半がピークだが「02 世代」の山が特に高い。「02 世代」は氷河期後期の学卒時の就職環境が最も厳しかった世代にあたり、20 歳代前半のころはパート・アルバイトで働いていた者が特に多かった。いずれの世代も 20 歳代後半に向けてグラフは下降していくが、「97 世代」と「02 世代」は 2002 年から 2007 年にかけての減少が大きい。また、「07 世代」は 2012 年から 2017 年にかけての減少が大きい。減少した時期はいずれも好況期である。ただし 2012 年から 2017 年の減少は「07 世代」より上の世代では緩やかである。ここから言えるのは、フリーターは好況期減少するが、30 代半ば以上になると減少は鈍いということである。好況期に正社員に転じた者が多かったことは間違いないところだが[8]、その時にすでに 30 代後半にかかっていれば採用されにくかったことは想像に難くない。

8　　なお、女性は未婚というフリーターの定義から、女性については結婚が理由で減少した部分も多いと思われる

　角度を変えて言えば、今も非正規雇用に就いている就職氷河期世代の人は、これまでの正社員移行チャンスに乗りそこなった人であり、年かさになった分だけ正社員への壁が高くなってしまった人だともいえる。今、非正規雇用についている就職氷河期世代の人には、正社員になりにくい何らかの事情を抱えている人が多いと推測される。

　就職氷河期世代の非正規雇用者に正社員希望者が少ない理由としては、このほか、現在育児や介護など他の役割を負っているため、短時間、短期間で働くことを選択している（せざるをえない）ということがあろう。実際、正社員希望を表明している男性の場合、非正規といっても労働時間はほとんどフルタイムで年間就労日数も正社員と変わらない場合が多い。

　そのほかの理由で考えられるのは、就業可能性の高い正社員の働き口には魅力を感じないケースである。図表5-5にみたとおり、非正規から正社員に転じた場合の賃金水準は生え抜き社員とは大きな差がある。高学歴の非正規社員が同じ学歴水準の生え抜き社員の賃金等を基準に置いているとすれば、採用可能性の高い働き口は魅力的に映らないだろう。

　非正規雇用であった人が正社員として採用されたのが、どのような産業であるかについても調査で把握されている。図表5-9は直近1年間に非正規の仕事を辞めて正社員として転職したケース数を過去4回の「就業構造基本調査」を含めて示している。2017年は福祉・医療、製造業、その他のサービスへの転入が増えている。製造業は2007年時も増えていた。2007年と2017年はともに好況期である。

　その時点で人手不足の産業で多くの非正規雇用経験者が採用されているということで、当然と言えば当然だが、応募する側にとっては、求人はかなり偏っていると映るだろう。さらに、非正規であった前職と正社員としての現職の業種を見ると同業種であるケースが多い。特に医療、福祉は7割が同業種内での転職であった。知識のある業界内で転職を図るのは一般的な行動だろうが、人手不足の業界の実情を知っているだけに、正社員となることに魅力を感じられない場合もあるだろう。

　正社員希望者が多くない理由としてさらに考えられるのは、何らかの心身の不調から非正規を選択しているケースである。特に2017年頃は「ブラッ

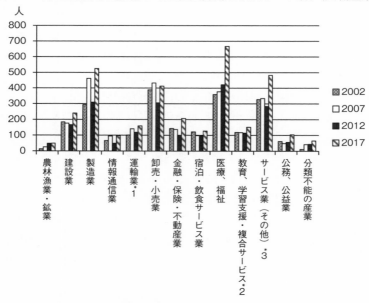

図表 5-9　非正規雇用を離職して正社員採用されたケース数（入職産業別）

注：*1　2012年以降は運輸・郵便業
　　*2　2012年以降は教育・学習支援業
　　*3　2012年以降は複合サービスを含む
出典：労働政策研究・研修機構（2019）

ク企業」という言葉で語られるよう長時間労働や職場のパワハラなどが社会的関心を集めていた。2017年調査で「正社員から非典型」型のキャリアの人で、10年前の同世代より転職希望者が大幅に減っていた背景には、前職の正社員職場でのこうした過酷な経験があるかもしれない。それが正社員を忌避させている可能性は大きい。

　こうした様々な事情を検討すると、正社員への転職希望を明らかにしていない人たちの間にも、安定や収入の増加を望む人たちは少なからずいると思われる。

第6節 無業者（ニート）問題

次には無業者についてである。学校に行っていず家事を担っているわけでもない、また求職活動もしていない状況の無業者が「ニート」である。

ニート（NEET）は、国際的にも使われている言葉で、学校にも職業訓練にも参加せず、就業もしていない若者とされる。10歳代から20歳代前半程度の若者が念頭に置かれ、若い時代に社会関係を失うことの問題が指摘されてきた。

日本では若年労働政策の対象を30歳代前半までとしてきた経緯があるため、この問題への対応を考える際に「ニート」から専業主婦は除くことにし、また、求職活動をしている失業者は別の対策をしているとこれも除くことにした。そのため厚生労働省が「ニート」数を把握するにあたっての定義は、非労働力人口のうち、家事も通学もしていない者としており、国際的な指標とは少し異なるものとなっている。また、近年では若いころからの連続した問題であるとして就職氷河期世代もニート支援施策の対象となっている。

まずはその数を把握する。厚生労働省では「労働力調査」（総務省統計局）をもとに毎年その数を公表しているが、ここでは少し突っ込んだ検討をするためにこれまでと同じく「就業構造基本調査」を使う。これに基づくその数の推移を見たのが図表5-10である[9]。厚生労働省の公表値とほぼ変わらない。

ここで34歳までの「ニート」に注目すると、点線でつないだように2002年以降は緩やかに減少している。しかし、就職氷河期世代まで視野に入れてみると、上の年齢層のほうが多いことが分かる。実線でつないだのは各時点での就職氷河期世代に対応する年齢層である。2017年の35〜44歳層は2012年には30〜39歳であり、2007年には25〜34歳であった。これを見ると、2002年、20歳代前半であったころからあまり大きな増減はないように見える。

これをこの世代だけではなく、前の世代も後の世代も含めて変動を見たのが図表5-11である。図表5-8と同じように、世代の名称はその世代が20歳

9　ここでのニートの定義は、無業者のうち求職活動をしていない者で、卒業者かつ通学しておらず、配偶者なしで家事をおこなっていない者。

図表 5-10 「ニート」数の推移（年齢階級別）

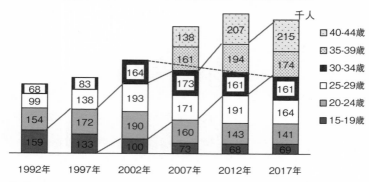

出典：労働政策研究・研修機構（2019）
注：「ニート」は、無業者のうち求職活動をしていない者で、卒業者かつ通学しおらず、配偶者なしで家事をおこなっていない者。

図表 5-11 「ニート」の世代別推移

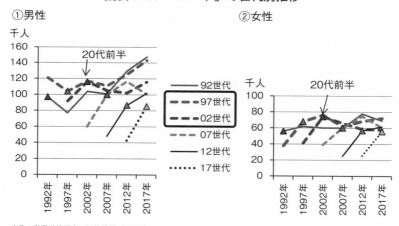

出典：労働政策研究・研修機構（2019）

代前半であった西暦年であり、「97 世代」と「02 世代」、さらに「07 世代」の一部が就職氷河期世代にあたる。グラフの形状を見ると、男性は就職氷河期世代ばかりでなくその前の世代も加齢とともに増加傾向にあるようにみえる。女性はどの世代も 20 歳代前半までは増加しその後はほぼ同じ水準で推

移しているようである。フリーターのグラフでは好況期にはその数が減少する傾向がみられたが、こちらのグラフには景気の影響は感じられない。

　こうしてみると「ニート」に限って言えば、就職氷河期世代が突出しているわけではなく、その特有の問題とは言えないのではないか。

　「就業構造基本調査」からは、就職氷河期世代（35〜44歳）の「ニート」の意識や世帯の状況について、いくつか把握できることがある。まず意識の面では、求職活動をしていないのが「ニート」であるが、就業への希望があるか否か、さらに就業を希望していない場合のその理由、また就業を希望しているが求職活動はしていない理由を問うている。まず、就業を希望している人はおよそ4割で（図表5-12の円グラフ）、この割合は若い「ニート」とかわらない。

　また、就職氷河期世代では6割以上の人がこれまでの就業した経験がある。これは若い「ニート」（15〜34歳）では4割以下なので、これより明らかに多い。図表5-12の棒グラフは、上段が就業希望がある場合の求職活動をしていない理由、下段が就業希望がない場合の就業を希望しなり理由である。それぞれ就業経験があるかないかケースを分けて示している。

　どちらのグラフでも、また、就業経験があるにしろないにしろ、多いのは「病気やケガ」である。就業経験のある場合にはこの理由が5〜6割と特に多い。若い「ニート」だと病気やけがを理由に挙げる人は2〜3割なので、この多さは就職氷河期世代「ニート」の特徴だといえよう。いったんは就業したことがあるが、病気やけがなどを理由に働けなくなったり働く意欲を失ったりしている状態の人が少なくない。

　図表の掲載は省くが、特徴的なのは、前の仕事を辞めた時期が2017年の内（調査は同年10月なので、10か月以内）だという人と長期に「ニート」である人とではこの理由を挙げる割合が異なることである。就業を希望しながら病気やけがを理由に求職活動をしていない人の割合は前者が後者より大きく、病気やけがを理由に就業を希望しない人の割合は後者が前者より大きい。すなわち「ニート」状態になってからの期間が短い人には就業したいが病気やけがで求職活動ができない人が多く、1年以上「ニート」状態でいる人には病気やけがのために就業をあきらめている人が多いということであ

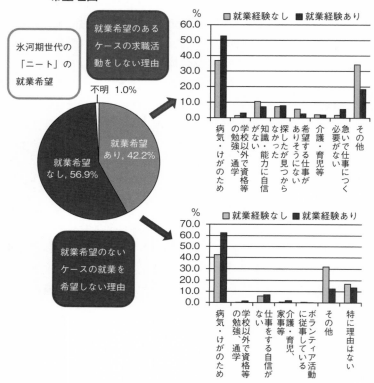

図表 5-12　就職氷河期世代「ニート」（35〜44 歳）の非求職理由と非就職希望理由

出典：労働政策研究・研修機構（2009、 2019）より筆者作成。

る。この病気やけがには、メンタルヘルスの問題も含まれよう。前職職場での何らかのトラブルがあった可能性は否定できない。いずれにしろこの年齢層の「ニート」支援は、治療と就業の両立支援など医療との連携にも視野を広げ、社会関係が途切れないよう幅広い支援体制を組んでいくことが必要ではないかと思われる。

　最後にこうした就職氷河期世代の「ニート」の世帯状況と収入についての情報から、経済的な課題について検討する。やはり「平成 29 年就業構造基本調査」の 2 次集計による。まず、世帯の中での当事者の立場を見ると、親

が世帯主で本人が「子」である場合が 57％、本人が世帯主である場合が 41％であった。若い「ニート」（15〜34 歳）では、「子」であるケースが 76％なので、親世帯から分離は進んでいる。

　調査ではそれぞれの立場の場合の本人の主な収入の種類がわかる。図表 5-13 を見ると、本人が「子」の場合、男性の 7 割、女性の 5 割強が収入なしで、生活費は親が賄っていると推測される。

　本人が世帯主の場合、男性の 53％、女性の 62％が主な収入は社会保障であるとしている。うち年金・恩給が最も多いが、老齢年金は考えられないので、障害年金や労災年金であると推測される。その他の給付は生活扶助や児童扶養手当が考えられる。こうした状況をふまえると、福祉と深く連携した就業支援が重要なことは明らかである。

　図表 5-14 は、世帯内で「子」である時の本人の年齢階級別に、世帯主の平均年齢とその主な収入の種類を示している。本人が 34 歳以下なら親も若く、主な収入は賃金・給与である場合が多い。しかし就職氷河期世代なら親は平均で 70 歳になっており、主な収入は年金にかわっている。さらに本人が 50 歳前後であればと親は 80 歳近い。

　図表 5-15 のグラフはその時の世帯収入の分布である。若い「ニート」を抱える世帯の世帯全体の収入は 1000 万円以上を含め幅広く分布している。

図表 5-13　就職氷河期世代「ニート」（35〜44 歳）がいる世帯の収入の種類

単位：％

| | | 合計 | | 給料・事業収入 | 社会保障 | | | 仕送り | 地代・利子・その他 | なし | 不詳 |
		(%)	(千人、N)		年金・恩給	雇用保険	その他の給付				
男性	男性計	100.0	258.7	2.6	23.5	0.3	8.5	1.3	10.8	50.6	2.3
	（うち）世帯主	100.0	99.9	3.9	**37.4**	**0.2**	**15.6**	3.1	16.0	20.9	2.8
	子	100.0	153.2	1.9	14.5	0.4	3.9	0.2	7.5	**69.5**	2.1
女性	女性計	100.0	130.0	2.5	30.3	0.8	15.3	1.1	12.4	35.0	2.7
	（うち）世帯主	100.0	59.0	2.1	**38.4**	**0.3**	**23.0**	2.2	19.9	12.3	1.9
	子	100.0	67.9	2.9	24.0	1.2	8.5	0.3	6.2	**53.4**	3.6

出典：労働政策研究・研修機構（2019）

図表 5-14　「子」である本人の年齢階級別世帯主の平均年齢と
　　　　　　世帯主の主な収入の種類

「子」である本人の年齢	世帯主平均年齢	世帯主の主な収入の種類		
		賃金・給料	年金・恩給	その他
15〜34歳	57.9歳	68%	17%	16%
35〜44歳	70.1歳	19%	67%	14%
45〜54歳	77.8歳	7%	79%	14%

出典：労働政策研究・研修機構（2019）

図表 5-15　「子」である本人の年齢階級別世帯全体の年収額

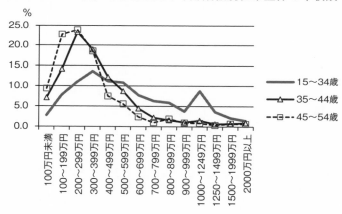

出典：労働政策研究・研修機構（2019）

　しかし、氷河期世代からそれ以上の世代になると、世帯全体の収入は100万円代から200万円代が多くなる。老齢年金が主な世帯収入になるからであろう。世帯収入は格段に下がっている。親世帯に生計を支えられていたため社会的には見えていなかったこの世代の「ニート」の問題は、ここで顕著になる。「8050問題」である。

　就職氷河期世代はすでに50歳代に差し掛かっている。先に見た通り「ニート」問題はこの世代に限ったことではない。ただこの世代は人口が多い。そのことが「8050問題」をより深刻にする可能性がある。

第 7 節　まとめ

　就職氷河期世代は、バブル経済崩壊後、新卒労働市場が低迷していた 10 数年の間に学校を卒業した人たちである。学歴によって年齢は異なるが、現在（2022 年）は 30 歳代後半から 50 歳程になっている。この世代の現在の就業状況を見ると、正社員の割合は氷河期以前の世代と変わらないかそれ以上に多い。

　「平成 29 年版　就業構造基本調査」の 2 次分析に基づき、就職氷河期世代のキャリアを検討すると、正社員になっているといっても、前の世代に比べて非正規や無業を経験している人が多く、生え抜き社員は少ない。新卒時から正社員であった人に比べると、非正規や無業を経験してから正社員になった人では収入はかなり低く、また職業能力開発の機会も少ない。

　同じく同調査 2 次分析から非正規雇用者の現状も見た。就職氷河期世代の非正規雇用者数は約 392 万人で 10 年前の同年齢層のそれより約 30 万人多い。また、高学歴者が増えていた。非正規雇用者のうち正社員に転職することを希望する者は約 39 万人であり、それほど多くない。すでにこれまでの好況期に非正規から正社員に転じた者が多いことが第一の要因である。ただし、好況期に 30 歳代後半にかかっていれば正社員に転じたものは少ない傾向がみられた。今、非正規雇用に就いている就職氷河期世代の人には、正社員になりにくい何らかの事情を抱えている人が多いと推測される。

　正社員への転職を望む者が少ない理由には、このほか家族内の役割などから短時間、短期観の働き方を選択する場合や、正社員に転じても非正規からでは賃金水準が低いので正社員に魅力を感じない、あるいは正社員経験のある非正規の場合、正社員であった前職での長時間労働などの経験が正社員を忌避させている可能性もある。

　「ニート」（学校に行っていず家事を担っているわけでもない、また求職活動もしていない状況の無業者）についても同様に同調査 2 次分析から検討した。前後の世代を含めて世代ごとの経年的な変動を見ると、非正規雇用のように好況期に減じる傾向はなく、男性は前の世代も含め加齢とともにより増加する傾向、女性は 20 歳代前半以降はほぼ同数で推移していた。「ニート」

は就職氷河期世代に特有の問題とは言えない。

　若い「ニート」に比べてこの世代は就業経験のある人が多い。また、就職希望があっても求職活動をしていない理由、あるいは就職を希望しない理由とみると、いずれもこの世代では「病気やけが」を挙げる者が多い。これは若い「ニート」とは異なる。

　就職氷河期世代の「ニート」は半数近くが世帯主であり、その場合年金（おそらく障害年金や労災年金）をはじめとする社会保障が主な収入となっていることが多い。世帯内で「子」の立場である場合は本人の収入はないことが多い。「子」である場合の本人の年齢と世帯主の年齢を見ると、本人が就職氷河期世代なら親は平均で70歳になっており、主な収入は年金となり世帯収入は格段に下がる。さらに本人が50歳前後であれば親は80歳近くになりまさに「8050問題」となる。

　本稿ではこうした実態をあきらかにした。

　現在の政府の就職氷河期世代に対する方針は、「就職氷河期世代支援に関する行動計画　2021」に示されている。その本文では対象者像として、「就職氷河期世代は就業先での傷つき体験や生活困窮・親の要介護など複合的な課題を抱えている」「長期にわたる不安定就労や無業状態、職場での傷つき等の経験から、就労や社会参加に向けた支援を行う上で、配慮すべき様々な事情を抱える方がおられる」といった認識を示している。この認識には強く共感する。まさに本稿で見えてきた就職氷河期世代の現状と重なる。

　同行動計画ではさらに、「例えば、ひきこもり状態にある方を市町村の相談窓口が居場所につなぐ、居場所の開設者がその利用者に軽作業を行う機会等を提供する、地域の商工会がひきこもり状態にある方に就労体験の機会を提供し、さらに別の支援機関が働き続けるためのフォローをする」といった関係機関が連携した支援の在り方を示している。2019年からの「就職氷河期世代支援プログラム」での3年間の集中支援をとおして福祉と労働の間の連携は強まった。さらに医療や経営者団体なども幅広い連携関係を構築していく方向性にも強く賛同する。

　加えて、本稿での検討から見えてきたことは、こうした支援が必要なのはこの世代だけではないことであり、こうした連携体制を恒常的なものとして

確立していく必要性である。さらには、非正規から正社員になっても収入が低くまた能力開発機会が乏しい状況の人が少なくないことを鑑みれば、正社員になることだけがゴールとは言えない。在職者を含めてのキャリア開発、キャリアアップ、リスキリングにつながる職業教育訓練の一層の拡充が望まれる。これもこの世代だけの問題ではない。就職氷河期世代問題は、新たな体制づくりのきっかけとなる問題なのではないだろうか。

＜参考文献＞

労働政策研究・研修機構，　2009，『若年者の就業状況・キャリア・職業能力開発の現状―平成 19年版「就業構造基本調査」特別集計より』資料シリーズ No.61.
労働政策研究・研修機構，　2019，『若年者の就業状況・キャリア・職業能力開発の現状③―平成 29年版「就業構造基本調査」より』資料シリーズNo. 217.
労働政策研究・研修機構，　2021，『ユースフル労働統計 2021』.
就職氷河期世代支援の推進に関する関係府省，　2021，「就職氷河期世代支援に関する行動計画 2021」.

第6章 韓国における若者政策の展開

柳　煌碩

第1節　はじめに

　本章では、韓国における若者政策の展開を検討し、その特徴について整理する。また、若者政策の展開過程を理解するために、昨今の韓国社会における若者問題（雇用、移行）と産業界における採用慣行（1980年代以降の時代的変遷）も整理する。

　本章の構成は次の通りである。まず第2節では、雇用の不安定化と教育から仕事、または家族形成などの「移行」の長期化を中心に昨今の韓国社会における若者問題を確認する。第3節では、90年代を皮切りに大きく変化した韓国の採用慣行を大企業の事例を中心に概観する。第4節では、韓国における若者政策を中央政府と地方政府に大きく分けて整理し、主要な事例（事業）について検討する。最後に第5節では、韓国における若者政策の特徴と限界、日本の若者政策に対する示唆について考察する。

第2節　韓国の若者が直面する諸問題

1　雇用の不安定化と「移行」の長期化

　韓国における若者の雇用問題、特に就職難は、90年代後半のアジア通貨危機（「IMF危機」）を機に深刻化した。戦後最大の不況とも呼ばれた「IMF危機」は、産業界に大規模の構造再編をもたらし、整理解雇法や派遣勤務法などの導入によって大量失業、非正規雇用の増加、「定年」の前倒し[1]など雇用の不安定化が深化した。

1　韓国労働研究院（2012）の推定によれば、「IMF危機」以降の実質定年（主な職場からの退職）は平均54.1歳である。

　その影響は若者の雇用状況、特に就職に大きいダメージとなった。「IMF
危機」の直前（1997 年）4.6％であった失業率（15～29 歳）は、翌年の 1998
年に 12.2％にまで跳ね上がり、1999 年は 10.9％となった[2]。

　2000 年代以降における失業率の推移を見ると（図表 6-1）リーマンショッ
ク後の 2010 年代以降、若者の失業率は再び上昇し、2016 年は 9.8％を記録
した。以降、2021 年まで失業率は低下傾向にある。他方、雇用率[3]は 2013 年
最も低い 39.5％を記録するも、その後次第に回復しつつある。2020 年は新
型コロナウィルスの影響により失業率・雇用率ともに悪化したと考えられる
が、2021 年からは再び改善の方向に向いていることがわかる。このように、
1990 年代後半に悪化した若者の失業率と雇用率は、直近 10 年の間に回復傾

図表 6-1　2000 年以降の韓国における若者（15～29 歳）の
失業率と雇用率（％）

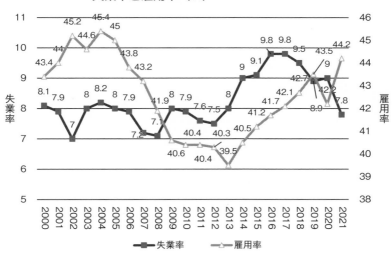

出典：韓国統計庁，「経済活動人口調査」各年度のデータより作成

2　　1963 年から 1999 年 4 月まで、失業率の算出における経済活動人口は求職活動期間が 1 週間で
　　ある者を含めていた。
3　　雇用率は（就業者数／生産可能人口）× 100 で算出される。ここでいう「就業者」は調査期間
　　中、1 週間に所得を伴う労働に 1 時間以上従事した者および 18 時間以上の従事した家族従事者、
　　そして有業者でありながら病気や休暇などによる一時休職者を含む。

向を見せているように見える[4]。

　しかし、雇用の質的側面を見ると依然として多くの課題が残っていることが分かる。例えば、図表6-2のように韓国の若者の失業率は全年齢層の合計失業率のおおよそ2〜3倍を記録し続けている。

　また、雇用の安定性にも問題を抱えている。図表6-3は、若者の初職を雇用形態（契約期間）ごとに表している。全体として雇用契約期間に定めのある仕事に就いている若者が増え、契約期間に定めのない仕事に就く若者の割合は減少している。特に1年以下の短期契約が占める割合は過去10年で約10%増加している。

　さらに、就労をめぐる不安定性は初職の契約形態（期間）に限らない。1990年代の韓国は、金融危機による雇用の不安定化という流れとは対照的

図表 6-2　2000 年以降の韓国における若者（15〜29 歳）の
失業率と全体失業率（%）

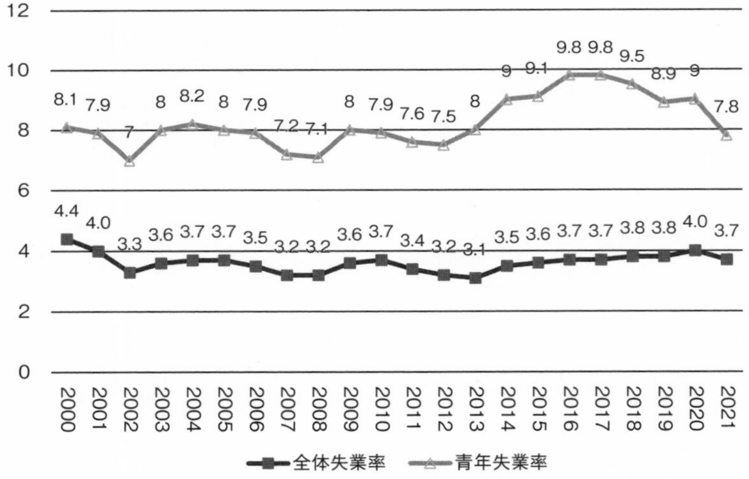

出典：韓国統計庁，「経済活動人口調査」各年度のデータより作成

4　15歳〜24歳までの失業率を比較できるOECDの調査（OECD, 2021）を見ると、韓国の失業率は男性9.5%、女性7.8%とOECDの平均を下回っている。この指標からも若者の失業率は回復傾向にあるように見えるが、以降、本文で検討するように若者をめぐる雇用状況が充分に回復しているとは言えない。

に高等教育機関への就学率 [5] が急増し、2021 年現在 71.5％を記録している（図表 6-4）。こうした状況の中で初職までの準備期間は次第に長期化し、卒

図表 6-3　韓国における若者（15〜29 歳）の初職の契約形態（％）

	期限付き			期限なし			合計 （千人）
	1 年以下	1 年超過	合計	期限なし	一時的	合計	
2011	21.0	3.5	24.5	62.63	12.88	75.5	3,990
2012	20.5	3.0	23.5	64.73	11.81	76.5	3,904
2013	21.7	3.4	25.0	62.15	12.84	75.0	3,754
2014	20.1	3.2	23.3	64.05	12.68	76.7	3,708
2015	21.0	4.1	25.1	62.57	12.3	74.9	3,788
2016	23.0	4.3	27.3	59.73	13	72.7	3,909
2017	21.5	4.1	25.6	62.19	12.21	74.4	4,012
2018	21.6	4.0	25.6	62.48	11.96	74.4	4,054
2019	25.3	4.5	29.8	58.11	12.14	70.3	4,070
2020	28.1	4.9	33.0	56.14	10.88	67.0	3,963
2021	30.1	4.3	34.4	54.31	11.33	65.6	3,953

出典：韓国統計庁，「経済活動人口調査 青年層付加調査」各年度のデータより作成

図表 6-4　韓国における高等教育への就学率（％）

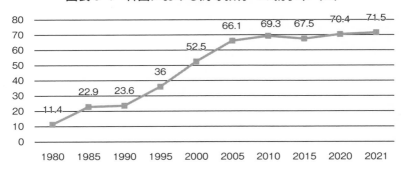

出典：「韓国国家統計ポータル（KOSIS）」により作成。

5　就学率は（該当年齢に属する在籍学生数／就学適齢人口）× 100 で算定。韓国の主な高等教育機関は、一般大学（4 年制）および大学院の他に、教育大学（4 年制）、専門大学（2 年・3 年制）、大学院大学が挙げられ、これらが高等教育機関全体のおおよそ 9 割を占めている。

業後の進路として国家公務員や大企業への就職を目指す「就職準備者[6]」も増加傾向にある。

　図表 6-5 は、15〜29 歳の若者が学校を卒業（または中退）した後、初職に就くまでの所要期間を表している。平均所要期間に大きな変化はないものの、2005 年以降「3 年以上」の割合を除けば、全体的に所要期間が長期化する傾向が見られる[7]。

　また 2003 年より集計されるようになった就職準備者も、集計開始以来、次第に増加し 2021 年現在約 84 万人となっている（図表 6-6）。韓国労働研究院（2018）は、希望分野別の就職準備者の割合と準備期間を分析している。その結果、2017 年を基準に就職準備者全体のうち、地方公務員を志望する人の割合が 40.6％と最も高く、そのための準備期間は平均 19.8 ヶ月となっていることが明らかになった。この準備期間は、一般事務職（11.1 ヶ月）や専門職（14.5 ヶ月）よりも長い。

　不安定な雇用状況が続く中で、多くの若者は比較的雇用の安定が保障される大企業または公務員への就職を希望しているのである。韓国中小企業研究院（2021）によれば、従業員 500 人以上の大企業に対する中小企業の平均賃

図表 6-5　若者（15〜29 歳）の初職までの所要期間（％）

	3 ヶ月未満	3〜6 ヶ月	6〜12 ヶ月	1 年〜2 年	2 年〜3 年	3 年以上	平均所要期間（ヶ月）
2005	54.4	11.6	8.3	9.4	4.8	8.2	9
2010	50.9	13.2	9.3	10.1	5.3	8.1	10
2015	49.7	12.7	8.7	11.2	6.0	8.3	10
2020	47.9	13.1	11.0	11.6	6.2	7.6	10
2021	46.2	13.7	11.6	11.4	6.6	8.0	10

出典：韓国統計庁，「経済活動人口調査」各年度データより作成

6　韓国統計庁による定義では、「非経済活動人口における非通学の就業準備者および就業のために教育機関に通学している者」を指す。ここでいう「教育機関」とは、各種資格や試験のための私設教育機関（代表的には公務員試験向けの学習塾など）を指す。また、「就職準備者」は、調査期間中に求職活動（4 週間）をしていないものが対象となるため、失業者に分類されない。同調査における「就職準備者」の年齢別構成比を見ると、2021 年 2 月基準、20 代と 30 代が全体の約 89％を占めている。

7　卒業または中退後、就労経験のある者全体に占める割合である。

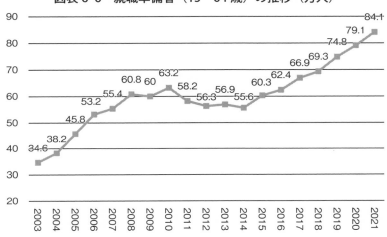

図表 6-6　就職準備者（15〜64 歳）の推移（万人）

出典：韓国統計庁，「経済活動人口調査」各年度データより作成

金比は、過去 20 年間減少し続けており、2019 年には 59.4％に留まっている。こうした労働市場の二極化の中、多くの若者が志望する大企業と公務員への就職を目指す競争が深化し、次第に長い準備期間を要するようになっている。

2　移行の長期化に伴う諸問題

　こうした教育から仕事への移行の長期化に伴い、若者の生活は多くの課題に直面している。2018 年には大卒者の初職入職年齢は 30.9 歳（Incruit 社，2020[8]）と推定されており、それまで多くの若者が非正規労働や家族の被扶養状態、または貧困状態にいるとされている。キム・テワン＆チェ・ジュンヨン（2017）は、韓国の若者のおおよそ 3 割が卒業後も不安定雇用に従事しワーキングプア状態にあると指摘し、特に 20 代における不安定雇用・ワーキングプア状態の経験がその後の持続的な貧困状態に繋がっていく可能性が

8　韓国の新入社員の平均入職年齢とその推移についての体系的調査は行われておらず、一部の推定的研究が存在するのみである。ここでは、韓国の大手就職情報サイトである Incruit 社の調査結果を参照した。

あると指摘する。他方、イ・スンユン　他（2017）の研究では、大卒者の就職の長期化や就職放棄者の増加による貧困化を検討した上で、従来の若者の貧困率は世帯所得を基準に測定されるがゆえに統計的に過小評価されていると指摘している（韓国保健社会研究院，2020）。韓国経済研究院（2016）も、国際基準に依拠した韓国統計庁の失業率は、長期失業者・短期契約の非正規労働者・被扶養状態での求職者などを含んでおらず、実態との乖離があると指摘している。

　これらの指摘を受け、韓国統計庁は「労働供給と重要の不一致により就業の意欲があるにもかかわらず就業できていない労働力を表す指標」として「雇用補助指標」を作成した。「雇用補助指標[9]」は算出方式によって三つ（雇用補助指標1,2,3）が存在するが、最も包括的かつ実態と近いとされるのは「雇用補助指標3」であり、これは「体感失業率」とも呼ばれる。2021年の「雇用補助指標3」（「体感失業率」）は23.1％を記録し、同年度の公式失業率よりおおよそ3倍以上高い値となっている。

　「移行」の長期化に伴う経済的不安定性の中、将来に対する若者の展望も悲観的傾向を強めている。図表6-7は、各世代が認識した世代間社会移動の可能性を表すものである[10]。2009年を起点に特に20代と30代の下落幅が大きく、2019年以降は特に20代の下落が目立っている。

　さらに、こうした将来に対する低い評価は、婚姻に伴う家族形成にも影響をもたらしている。初婚年齢も男性33.4歳、女性31.1歳を記録し、30歳〜

9　算出方式は以下の通りである。
　　雇用補助指標1：（時間関連追加就業可能者＋失業者）／経済活動人口×100
　　雇用補助指標2：（失業者＋潜在経済活動人口）／拡張経済活動人口×100
　　雇用補助指標3：（時間関連追加就業可能者＋失業者＋潜在経済活動人口）／拡張経済活動人口×100
　　なお、雇用補助指標に用いられる用語の定義は以下の通りである。
　　「時間関連追加就業可能者」：最後の1週間の就業時間が36時間未満であり、追加の就業を希望、また可能な者
　　「潜在経済活動人口」：非経済活動人口の中から最後の4週間において、求職活動を行うも就職できなかった者および就業を希望し可能な者の合計
　　「拡張経済活動人口」：経済活動人口と潜在経済活動人口の合計
10　韓国統計庁の定義では「社会移動可能性」は、「個人（または子の世代）がその生涯において現在より高い社会経済的地位を獲得する可能性」を表す。2006年および2009年は15歳以上が対象であったが、それ以降は19歳以上が対象となっている。

図表 6-7　世代別の世代間社会移動可能性に対する認識（%）

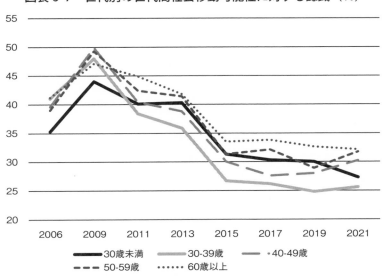

注：設問「自分の世代と比べ、子どもの世代の社会経済的地位が高くなる可能性はどの程度あると思いますか？」に対して
　　「とても高い」と「比較的高い」と回答した者の割合。
出典：韓国統計庁，「社会調査」各年度のデータより作成。

34 歳の婚姻率は男性で 42.1％、女性で 40.8％となっている（韓国統計庁，
2022）。また学校を卒業した後も親の元で暮らす若者（「カンガルー族[11]」）
も増え、その規模は 20〜34 歳人口全体の 56.8％に上るとされている（韓国
労働研究院，2017）。

　以上のように、韓国の若者が直面した厳しい現状は様々な造語にも表れ
る。例えば、非正規雇用に従事し平均月収が約 9 万円に満たない若者世代を
表す「88 万ウォン世代（ウ・ソクフン＆パク・クォンイル，2007）」や若者
を恋愛・結婚・出産・就業・マイホームを放棄した世代とする「5 放世代」。
受験競争と就職難など絶え間ない競争と希望を持てない状況を「地獄」とし
た「ヘル朝鮮」。また近年では、生まれの格差を表し、努力では越えられな

11　この中には、日本の「パラサイトシングル（山田，1999）」のように就労後あるいは婚姻後も
　　親元で暮らすケースを含む。親と同居する若者の多さの故、若者の相対的貧困率も 11％程度で
　　比較的低水準にとどまっている。

い現実を表す「スプーン階級論[12]」も広く普及した。これらの造語が表すように、2000年代以降、韓国の若者は就職の長期化と不安定化、貧困化、将来展望の悲観化、未婚化といった「移行」をめぐる様々な困難に直面している。

第3節　90年代を境に変化した韓国の雇用慣行

　1990年代後半の「IMF危機」以降、韓国の若者が就職難や「移行」の長期化という課題に直面してきた中、韓国における企業の採用慣行も大きな変化を経験してきた。「スペック競争」と形容される昨今の韓国の採用慣行だが、ここでは1980年代、1990年代、2000年代以降という時代区分を用いて、韓国における採用慣行の変化について主要企業（大企業）を中心に概観する。

1　1980年代：「網型採用」

　韓国の採用慣行が体系化された形で表れたのは1980年代だとされる。1960年代から始まった高度経済成長に伴い、次第に規模拡大を遂げつつあった財閥系大企業は、大量の若者を採用するための公開採用方式を本格化させた[13]。

　1980年代は、1955～1963年の間とされる韓国のベビーブーム世代が労働市場に参入する時期であり[14]、それまで20％台に止まっていた大学進学率も30％台に上昇した。

　多くの先行研究は、1980年代にみられた大企業を中心とする韓国の採用

12　「スプーン階級論」では、最も恵まれた家庭環境で育った最上位層が「金のスプーン」、次に相対的上位層が「銀のスプーン」、そして恵まれていない（≠貧しい）層が「土のスプーン」とされる。

13　他方で80年後半においては、特に大卒者の就職状況は悪化していった。1987年の民主化を契機に始まった労使葛藤の激化も賃金上昇と雇用縮小も行われた。1981年、当時の軍事政権が入試競争を解決策として打ち出した「大学卒業定員制」も求職・求人の均衡を崩し、就職難を加速させた。

14　この時期の合計出生率は概ね6前後を記録しているが、以降、1960年代半ばより本格化した人口政策によって1980年代に1台に急落する。

慣行について、「大量の定期採用」「共通筆記試験の導入」「一次のみの面接」「汎用的人材像」などの特徴を取り上げる（リュウ・ドンヒ他 2012, 韓国産業人力公団 2016, イ・ジョンチャン&イ・ジョング 2018）。

　1980 年代は、韓国の社会史において最も大量の学卒者採用が行われた時期であり、30 の財閥系大企業がおおよそ 18 万人の学卒新入社員を採用していた。日本の「新卒一括採用」に最も類似した採用慣行が見られたのは、この時期であると言える。採用はサムスンや現代といったグループ社単位の一括採用が行われ（年 2 回）、採用後に傘下の系列社に人材を分配・配置する形が取り入れられた。大企業の多くは、英語・専攻・常識などの筆記試験を課し、大企業の間では試験日も重複していた。面接も一度または二度の形式的面接に留まっていた傾向にあった。

　イ・ジョング&キムホンユ（2010）は 1980 年代に見られたこうした採用方式を「網型採用[15]」と呼ぶ。しかし、若者を卒業と同時に採用する「新卒」の概念が定着していたとは言い難く[16]、日本の「新卒一括採用」のように定型化された概念として学界・社会両方において使われることはなかった。後述するように、韓国では、1990 年代、2000 年代と次々と新しい採用慣行が取り入れられていったため、特定の採用方式が定着・普及する時間的余裕は相対的に少なく、それ故「新卒」の概念も定着しなかったと考えられる[17]。

2　1990 年代：「釣り型採用」

　大量採用を中心とした韓国の採用慣行が変化したのは、1990 年代半ばからである。特に「IMF 危機」と呼ばれるアジア通貨危機は、企業組織の大

15　イ・ジョング&キムホンユ（2010）は「網型採用」を「短時間に行われる単純で機械的な普通型人材選抜（p. 227）」と表現する。

16　1980 年代の主要日刊紙は当時の主な就職情報源であったが、この時代の採用広告を見ると「30 歳未満」「大卒者または卒業予定者」を応募資格としているケースが多く、新卒者だけでなく 30 歳までの既卒者も対象としており、当時から「新卒」という要素が採用慣行に浸透していたとは言い難い。

17　「新卒」の概念が用いられなかった他の要因としては、兵役による影響も考えられる。1980 年代の平均的な服務期間は 35 ヶ月とおおよそ 3 年間の兵役期間が義務付けられていた。当時の兵役義務年齢は 20〜30 歳であり、20 歳から 20 代半ばまでに入隊することが一般的であると考えられる。この点を踏まえると、特定の年齢（例えば 22 歳）の大卒予定者を採用対象とすることは困難であったと考えることもできる。

きな再編をもたらし、雇用の「スリム化」と流動化が進んだ。その結果として若者の新規採用慣行も変化し、量的拡大を前提とした「網型採用」から縮小志向の「釣り型採用」へと変化した（イ・ジョング＆キムホンユ，2010）。具体的には「小規模の常時採用」「職務能力検査の導入」「複数回の面接」「創造的人材像」などが挙げられる。

　この時期に見られた採用方式の変化は、それまでの採用方式と大きく異なり、同時に2000年代以降の採用方式の根幹となる。その意味でこの時期の採用慣行の変化は重要である。「スペック（specificationの略）」と言われる書類選考の評価項目が定型化したのもこの時期であり、この時期は主に学校歴・GPA・TOEICの3項目が主要な「スペック」とされた（イ・ジョンチャン＆イ・ジョング，2018）。また、財閥系大企業の組織再編は、それまでのグループ社単位の一括採用から系列社別の採用に変化をもたらし、それに伴ってグループ単位で行われた共通筆記試験も廃止され、各系列社の人材像に合わせた職務能力検査が導入された。代表的にはサムスンのSSAT（Samsung Aptitude Test）やLGのFAST（Freshman Aptitude Synthetic Test）が挙げられる。面接もグループ面接、プレゼンテーション面接などが導入され、回数も2回以上行われることが主流となった。

　このように大きな変化が見られた1990年代の採用方式は、「釣り型採用」として1980年代の「網型採用」に対比される。この時期の採用方式は「新採用技法Ⅰ（1994〜2001）」と呼ばれこともあり、これは2000年代以降の「新採用技法Ⅱ（2002〜2010）」の原型であることを意味する際に用いられる（イ・ジョング＆キムホンユ，2010）。

3 2000年代以降：細分化する採用

　2000年代に入ると、1990年代の採用方式がさらに細分化する。この時期は、1990年代から急激に増加した高等教育機関への進学（図表6-4、1995年：：36％→2005年：66.1％）と若者の就職難によって、求職者の大企業選好傾向は次第に強まった。同時に、グローバル化、IT化が本格的に始動した産業環境も採用方式に大きく影響を与えた。リュウ・ドンヒラ（2012）は、2000年代において見られる採用方式の変化、すなわち各選考段階にお

ける評価項目の細分化・多様化について「優秀人材確保の戦略に焦点を絞った（p.46）」エリート選抜の傾向が強まったと指摘する。

特に2002年に登場した「新採用技法Ⅱ（2002～2010）」は、「それまでの学校歴主義（＝学閥主義）採用から脱却し、能力重視の人事管理戦略を志向する（韓国産業人力公団2016, p.19）」ものとして、2000年代における大企業の採用方式に取り入れられた[18]。「新採用技法Ⅱ（2002～2010）」の主な特徴としては、求職者の職務遂行能力をより重視した採用が挙げられる。

まず書類選考における主な「スペック」は、既存の3種（学校歴・GPA・TOEIC）に「語学留学」と「資格」が加えられ5種となった。以降「スペック」はさらに増え、2010年代より「ボランティア経験」「インターンシップ経験」「受賞経歴」が加えられ8種とされるようになった。筆記試験も1990年代に見られた企業ごとの職務能力検査がさらに普及した。面接も3回以上の面接が行われることが大企業では一般的となり、プレゼンテーション面接と外国語面接[19]が中心となったが、いずれも求職者の性格や訓練可能性ではなく、職務遂行能力や専門性を測る試みであると言える。2000年代以降のこうした採用慣行は、現在にまで続いていると考えられる。

以上、1980年代から2000年代以降までの韓国の採用慣行を概観した。韓国においては、日本の「新卒一括採用」に類似した大量定期採用が1980年代の一時期にのみ見られたこと、そして1990年代の経済危機を皮切りに採用方式の細分化・多様化・そして専門化が進んだことが大きな流れとなる。各時期の採用方式における主な特徴は図表6-8のようにまとめられる。

他方で、これらの採用慣行が特定の大企業グループ（財閥企業）を中心として展開されたという点には注意も必要である。2020年現在、韓国公正取引委員会が指定した64の企業グループの売上規模は、国内名目GDPの84.3％水準である。中でもサムスン（19.4％）、現代自動車（11.5％）、SK（10％）の3大企業の売上規模はGDP比40.9％水準となっている。他方で、

18　大企業全般において見られた「新採用技法Ⅰ（1994～2001）」への移行と比べると、「新採用技法Ⅱ（2002～2010）」への移行は、サムスンが先駆的役割を果たし（2002年）、次第に他の大企業に普及したという特徴がある（韓国産業人力公団2016）。

19　企業によっては外国語スピーキング試験の結果を代用するケースも見られる。

図表 6-8　韓国における採用制度の展開過程と時期別の特徴（1980-2010 年）

		1980-1993 （既存の採用方式）	1994-2001 （新採用技法Ⅰ）	2002-2010 （新採用技法Ⅱ）
採用パターン		・大規模の定期公開採用 ・凡人型、普通型人材 ・網型採用方式 ・84 年 LG が最初のインターン社員制を導入	・常時、随時の少数採用 ・特異型人材 ・釣り型採用方式 ・インターン社員制の活性化時期	・インターン採用の急増（先検証後採用） ・職務中心の力量面接の強化 ・外国語能力の重視 ・キャンパスリクルーティングおよび推薦採用
採用形態		グループ一括の公開採用（上下半期）	グループ別公開採用・系列社別公開採用、IMF 以降並行	系列社別公開採用またはインターン社員制
主要企業の採用制度	サムスン （サムスン電子）	基礎能力試験（英語、常識）、1・2 次面接（集団面接、役員面接）	SSAT―集団討論―PT 面接―役員面接	SSAT―役員面接―PT 面接―集団討論面接
	現代 （現代建設）	筆記・面接	書類―面接	人適性検査―英会話テスト―役員面接―CEO 面接
	LG （LG 電子）	筆記―面接	書類―LG 総合適性検査（FAST）―面接	職務能力検査（RPST）―人性面接―技術面接―英語面接
	SK （株）SK	推薦―筆記―面接	推薦―SK 総合適性検査および語学テスト面接	SK 総合適性検査―G-telp―討論面接―チームビルディング面接―人性面接―英語面接―職務面接―IT Test

出典：イ・ジョング＆キム・ホンユ，2010, p.225. を元に作成

　これら大企業の雇用影響力（大企業雇用者数／国内雇用者数）は 11％水準とされているが（韓国 CXO 研究所，2020）、第 2 節で述べたように、これらの大企業とその他の中小企業の賃金格差は依然として大きく、賃金や雇用の安定性を求める韓国の若者の多くは地方公務員と共に大企業を希望している。それ故、これらの大企業の採用慣行が与える波及効果は、その雇用影響力に比べ相対的に大きいと考えられる。

第 4 節　2000 年代以降の若者政策

　第 2 節で確認した通り、2000 年台初頭はすでに若者の就職難と共に様々

な問題が台頭し始めた時期である。これに対し韓国政府は、これまで「失業」にフォーカスした若者政策を打ち出し、「若者問題＝失業問題」というアプローチが取られた。特に、学歴インフレによる需要と供給の不一致がその根源的問題とされ、雇用創出と共に「能力」を中心とする（≠学歴や学校歴による）雇用を通じて問題を解決するといったビジョンが2010年代まで描かれ続けた[20]（韓国労働研究院，2020）。2003年発表された「青年失業の現況と対策」以降、2016年まで少なくとも18の若者向け雇用対策が実施されるも（イ・スンヨル，2018）若者の失業率は2012年以降再び上昇し（図表6-1）、2016年には9.8％を記録した。

　他方、韓国の地方政府においては2010年代半ばより、「若者問題＝失業問題」という枠組みからは包摂しきれない若者問題に着目し始め、様々な条例を制定し、いわば「若者問題＝生活問題」という視座からのアプローチを用いた。

　以下では、中央政府による若者政策と地方政府による若者政策を概観する。また、地方政府については特にソウル特別市と京畿道の事例を中心に整理する[21]。

1 中央政府による若者政策

　1990年代後半の「IMF危機」の直後まで、中央政府による若者政策の必要性が活発に議論されることはなかった。しかし、前節で検討したように「IMF危機」を機に変化した産業構造と企業の採用方式は、若者の就職難と「移行」の長期化をもたらした。そうして2000年代初頭、政策的ターゲットとして若者が、特に若者の失業と雇用創出を軸とした打開策が政策課題として設定されるようになった。図表6-9のように2000年代初頭の盧武鉉政府から文在寅政府（2018年基準）まで、中央政府による若者政策は、若者の

20　このビジョンに伴い、中等教育における職業系高校の拡大も政策的に推進された。ヨン・ヘウォン（2022）は、職業教育重点政策によって職業系エリート校（例：マイスター高校）だけでなく、一般的な職業系高校（例：一般工業高校）でも入学者確保や卒業者の就職率がノルマ化したと指摘する。

21　ソウル特別市とそれを地理的に包囲している京畿道を合わせた人口は2,366万人であり、韓国全体の約45％を占める。この二つの地方政府が打ち出す若者政策は、他地域への波及効果も大きく、韓国の地方政府による若者政策を考える上では中心的な事例であると考えられる。

図表 6-9　韓国政府の若者政策の変遷（2003〜2018 年）

	盧武鉉政府	李明博政府	朴槿恵政府	文在寅政府
時期	2003〜2007	2008〜2012	2013〜2017	2017〜（2018）
政策目標	・雇用の二極化解消 ・雇用親和的成長 ・国家による雇用支援の拡充	・グローバル金融危機の克服 ・先就業後就学	・オーダーメイド型雇用および福祉	・所得主導型成長に基づく就労機会の拡大
主要対策	・青年失業の現況と対策 ・青年雇用促進対策 ・青年失業対策の推進状況および今後の対策	・青年雇用促進対策 ・青年雇用関連追加対策 ・第1次青年明日作り対策 ・第2次青年明日作り対策	・青年オーダーメイド型就業対策 ・就職段階別青年雇用対策 ・青年雇用障壁解消対策 ・青年海外就業促進対策	・青年雇用対策の点検および補完方案 ・青年就職対策
設置組織	青年失業対策特別委員会	青年雇用促進特別委員会、国家雇用戦略会議	青年雇用促進特別委員会、大統領直属青年委員会	就職委員会、最低賃金委員会
主な伝達体系	党政共同特別委員会→青年失業対策特別委員会→地方政府、企業、大学	就職対策評価団→国務総理室傘下雇用社会安全網→雇用労働部→地方政府、企業、大学	青年雇用促進特別委員会→大統領直属青年委員会→雇用労働部→地方政府、企業、大学	就職員会および雇用労働部→地方政府、企業、大学
特徴	・青年失業解消特別法制定 ・雇用情報センターの拡充 ・「ジョブネット」運用 ・雇用奨励金支給	・青年雇用促進特別法改正 ・産学連携体制の構築 ・生涯学習体系の確立 ・雇用促進奨励金支給 ・高卒者就業機会の拡大	・青年雇用促進特別法改正 ・オーダーメイド型の職業訓練、就業支援 ・若者の創業活性化 ・若者の海外進出支援 ・海外就業奨励金支給	・追加雇用奨励金の新設 ・「青年ネイルチェウム共済」の拡大 ・青年求職促進手当の導入

出典：イ・スンリョル（2018）およびシン・ヨンハン（2020）より作成。

失業・就業を中心として展開されてきた。

　歴代韓国政府は「青年失業解消特別法」や「青年雇用促進特別法」の制定と共に雇用奨励金による支援や海外進出支援、高卒者の就労支援、若者向けの共済制度などを導入してきた。だが、雇用・就業支援のみでは若者が直面した様々な問題に対応しきれず、若者の生活全般を対象とする複合的対策の重要性が絶えず指摘されていた。

　そうした中、2020 年、重要な法律が定められた。それが「青年基本法」である。2014 年より発議されてきた当案は、発議から 6 年後の 2020 年 8 月、国会本会議を通過し成立することとなった。「青年基本法」は、「若者（＝青年）」の年齢を定義（19 歳〜34 歳）し、中央政府と地方政府によるトータルな若者政策（雇用・創業・住居・福祉・文化など）を目指し、若者

による政策決定への参加機会を設けるといった特徴を持つ[22]（西村 2022, 朴 2022）。この「青年基本法」の制定に伴い、2020 年から「青年政策基本計画（2021〜2025）」などの具体的な計画が策定され、これまで「若者問題＝失業問題」としていた中央政府の若者政策も大きく変化することになった。

図表 6-10 は、2021 年現在、中央政府における若者政策の施行計画と予算比重を表している。分野別の課題数を見ると「就労」が 115 個と最も多くなっている。中でも「就職先の拡大及び力量強化」に最も多くの予算が当てられ、それまでの就労支援の様相が維持されていると言える。他方、分野別予算比を見ると「住居」が 39.1％と予算比重では「就労」を超えていることが特徴的である。特に「青年住宅の供給拡大」「賃料、保障金の費用軽減」に予算のほとんどが当てられている。ただ、「福祉・文化」分野については、4.1％と低い水準に留まっていることも確認される。

以下では韓国国務調整室が発表した「2021 年青年政策白書」を基に、中央政府による「就労」「教育」「住居」分野の若者政策（事業）の主要事業を整理する。

①「就労」

まず、「就労」分野である。この分野では求職者と在職者に分けた諸事業が展開されている。若年求職者に向けた主要事業としては、基準中位所得 120％以下[23] の若者（18〜34 歳）に就業支援サービスと共に求職促進手当を支給する「国民就業支援制度[24]」、中小 IT 企業に就業した 15〜34 歳の若者

22　日本の「子ども・若者育成支援推進法」と韓国の「青年基本法」から若者政策を比較した林（2022）によれば、韓国の若者政策は、「若者を政策の受益者としてだけではなく、権利を行使する主体として想定（p. 65）」しており、当事者として若者が直接政策の策定過程に参加している点が特徴とされている。

23　2021 年現在、基準中位所得の 120％は 1 人世帯の場合年所得約 213 万円であり、4 人世帯の場合約 558 万円である。「国民就業支援制度」の場合、若者に限らず全年齢層を対象としている。申請資格のうち「所得」において 35 歳以上については「中位所得 60％以下」が基準となるが、18〜34 歳の若者に関しては「中位 120％以下」となっている。

24　「国民就業支援制度」は、「Ⅰ類型」と「Ⅱ類型」に分かれる。「Ⅰ類型」は所得支援と職業訓練を組み合わせたものとして、「求職促進手当」と職業訓練を中心とする「就業支援サービス」が提供される。「求職促進手当」は約 5 万円を 6 ヶ月間受給できる。対象となる若者は年間約 23 万人程度とされる。「Ⅱ類型」は、「就業活動費用」と「就業支援サービス」を受けられる。「就業活動費用」は職業訓練に参加する期間中に最大 6 か月間、毎月最大約 2 万 8 千円が支給される。

図表 6-10　韓国中央政府による若者政策の施行計画と予算（2021 年）

分野	課題数（個）	予算（億円）	比重
合計	308	21,640	100%
1. 就労	115	6,570	30.4%
・就労先の拡大及び力量強化	57	4,759	
・創業活性化及び内実化	39	1,145	
・職場の安全網強化	10	3	
・公正採用の基盤構築、職場文化改善	9	663	
2. 住居	24	8,466	39.1%
・青年住宅の供給拡大	8	5,571	
・賃料、保証金の費用軽減	6	2,893	
・住居困難層の集中支援	4	0	
・若者親和型住居モデルの普及	6	2	
3. 教育	88	5,657	26.1%
・均等な教育機会の保障	15	4,366	
・将来力量の強化	39	604	
・教育 – 仕事の連携強化	40	644	
・非対面教育基盤の構築	4	42	
4. 福祉・文化	50	880	4.1%
・社会スタート資産形成及びリスタート支援	4	75	
・若者の健康促進	9	323	
・困難層への支援拡大	11	36	
・文化のある若者の生活支援	26	445	
5. 参加・権利	31	69	0.3%
・政策決定過程への若者主導性を拡大	6	1.1	
・若者政策の推進基盤構築及び内実化	4	0.3	
・若者親和的な政策伝達体系の確立	8	16	
・若者の権益保護及び交流活性化	13	51	

出典：韓国関係部署共同，2021,「中央部署青年政策施行計画」を基に作成

に月最大約 19 万円を 6 カ月間支給する「青年デジタル就職事業[25]」、15〜29
歳の若者を正規雇用した中小企業に人件費を補助する「青年追加雇用奨励

25　従業員 5 人以上の中小企業におけるコンテンツ企画、ビックデータ活用、記録物情報化、特化
　　IT 分野の業務についた若者を審査し、支援する。年間対象者は約 5 万人とされる。

金 [26]」が挙げられる。

　次に在職者を対象とした代表的な事業としては、中小企業に 2 年以上勤続した若者に企業・政府が共同に共済金を積み上げ、成果補償金として満期共済金を支給する「青年ネイルチェウム（＝明日を満たす）共済 [27]」が挙げられる。

②「教育」

　教育に関する若者政策は、大きく大学進学に伴う学費負担の軽減と教育から仕事への移行における連携強化に分けられる。前者の場合、給付型奨学金である「国家奨学金」が代表的である。「国家奨学金」の中でも「Ⅰ類系」と「多子女国家奨学金」は国（韓国奨学財団）が直接学費を支給する給付型奨学金であり、2021 年現在それぞれ約 134 万人（「Ⅰ類系」）、33 万人（「多子女国家奨学金」）が受給したとされる [28]。

　次に教育から仕事への移行に関する支援事業としては、「仕事・学習並行制」が挙げられる。学校歴や「スペック」競争が深化した採用慣行を問題視し、「先就業後就学」を後押しする「仕事・学習並行制」は、若者を採用した企業の現場において「国家職務能力標準（NCS）」に基づいた教育訓練を実施し、学校や訓練センターにおいて更なる教育を行うことで資格または学位の取得を目指すものである。対象となるのは「特性化高校 [29]（2、3 年生）」や専門大学（短期大学、2 年生）、4 年生大学（3、4 年生）である。2013 年から 2020 年まで類型約 16,000 の企業、約 104,000 人が参加した。

26　若者 1 人あたり、年間最大約 90 万円を 3 年間支給される。企業規模によって最低採用人数が異なり、最低 6 カ月間の雇用が維持される必要がある。2021 年の場合、約 7.9 万の企業がこの事業を利用し、約 46 万人の若者を採用したとされる。

27　中小企業の正規職として勤務する若者（15～34 歳）が 2 年間約 30 万円を納入し、2 年勤続が認められた場合、合わせて約 120 万円（うち企業約 30 万円、政府 60 万円の負担）の満期共済金を受領できる。2020 年まで累積約 39 万人が加入し、約 8 万人が満期共済金を受領したとされる。

28　「Ⅰ類系」の審査基準は基準中位所得の区分と成績の組み合わせ、「多子女国家奨学金」は第一子、第二子までは基準中位所得の区分と成績の組み合わせ、第三子以降は基準中位所得 200％ 未満であれば全額支給される。

29　農業や工業などを中心とする日本の専門学科に当たる。

③「住居」

　そして「居住」分野である。主に「LH（韓国土地住宅公社）」によって行われる若者向け住居支援事業は、公的賃貸住宅の提供による住居費軽減策と賃貸料補助[30]に分けられる。これには未婚者のみならず、30代の新婚夫婦を対象とする居住支援も含まれる。

　まず、公的賃貸住宅の提供としては「幸福住宅」事業が挙げられる。これは、若者や新婚夫婦を対象に通勤や通学の利便性を考慮した場所で公共賃貸住宅を提供するものである[31]。また、築年数の古い集合住宅を政府（LH）が購入・リフォームし、低所得の若者に貸与する「青年購入賃貸住宅」もある[32]。

　次に、賃貸料補助については居住する若者に直接賃貸住宅の居住費を支給するものである。代表的には、低金利の賃貸資金ローンである「若者支え伝貰資金ローン[33]」や中小企業に勤務する若者に向けたローンである「中小企業就業青年伝・月貰保証金ローン[34]」などがある。

　中央政府による主な若者政策は以上のようにまとめられる。これらの諸事業は、各部署が運営する団体や施設において情報提供や相談・支援が行われている。特に「就労」支援については、大学ごとに設置された「大学仕事センター」、「就業支援センター」が代表的であり、オンラインでの情報提供や

30　韓国の賃貸契約は、毎月賃料が発生する「月貰」と月ごとの賃料の代わり住宅価格の5～8割の保証金を貸し手に預ける「伝貰」に分けられる。若者向けの居住支援政策はそれぞれの賃貸契約に分けて行われている。
31　対象となるのは、次のいずれの条件に該当する者となる。未婚者の場合、19～39歳の無住宅者、あるいは所得を伴う業務に5年以内従事している者、または退職後1年以内の者。既婚者の場合は、本人所得が平均所得の80％以下である者。最大居住期間は6年であり、無所得者は周辺相場の68％、有所得者は72％となる。
32　対象となるのは大学（院）生、就職準備者（学校を中退・卒業し2年以内のみ就業者）、または19～39歳の若者となり、いずれも無住宅者である必要がある。入居には本人または定位家族の所得と資産を基にした審査が伴われる。2年ごとの契約で最大6年までとなる。保証金はおおよそ10～20万円、賃貸料は周辺相場の40～50％水準である。
33　19～34歳の若者のうち、年所得約500万円以下の無住宅者、夫婦の場合、純資産額が合計3250万円以下の者を対象とする。金利は申請者の諸条件によって1.5～2.1％となり、融資限度額は約700万円まで、融資期間は最大10年までである。
34　中小企業に在職する若者を対象とし、19～34歳、年所得約500万円以下の無住宅者、夫婦の場合、純資産額が合計3250万円以下であることが条件となる。金利は1.2％、融資限度額は1000万円、融資期間は最大10年までである。

相談・支援も「オンライン青年センター（www.youthcenter.go.kr）」や「青年ポータル（2030.go.kr）」において運営されている。

２　地方政府による若者政策

　地方政府による若者政策は、2015 年導入されたソウル特別市（以下：ソウル市）の「ソウル市青年基本条例」が先駆的役割を果たしたとされる。以降、2018 年までに全国の 17 の地方政府（1 特別市、6 広域市、8 道、1 特別自治市、1 特別自治道）全てにおいて青年基本条例が制定された。

　こうした地方政府の若者政策は、それまで就労支援に軸足を置いていた中央政府の若者政策とは異なり、若者の「生活」というより包括的な視点での支援を行うものであった。この地方政府のアプローチは、中央政府の若者政策にも影響を与え、先述した 2020 年の「青年基本法」の制定にも貢献したとされる。

　図表 6-11 は、2021 年時点における地方政府の若者政策（政策課題と予算総額、領域別の予算比）を概観したものである。2021 年現在、地方政府における若者政策は、合計で 1,251 の政策課題、約 2,502 億円の予算が策定されている。若者政策予算全体に占める政策領域別の比重は、全体として就労が 42％、住居が 16.6％、教育が 8.2％、福祉・文化が 28.7％、参加・権利が 4.5％となっている。就労支援が全体として大きなウェイトを占めており、中央政府では全体の 4.1％に留まった福祉・文化関連政策が二番目に多い比重を表していることが特徴的である。

①就労・雇用

　2022 年現在、若者を対象とするソウル市の就労・雇用政策は、情報提供、能力開発、就職支援金に分けられる。主な情報提供支援としては、就業相談や講座開設を提供する「ソウル市ジョブ・カフェ（ソウル市内 48 カ所）」や「青年仕事センター（ソウル市内 1 カ所）」の開設・運営が挙げられる。また、能力開発支援としては、未来産業への就労経験を支援する「未来青年雇

図表 6-11　韓国地方政府における若者政策の運営状況

	課題数（個）			予算（約億円）			政策領域別の予算比（%）				
	合計	国費支援	独自	合計	国費支援	独自	就労	住居	教育	福祉,文化	参加,権利
全体	1,260	450	810	2,576	1,419	1,157	42.0	16.6	8.2	28.7	4.5
ソウル市	55	8	47	570	263	307	29.0	41.8	2.4	20.8	6.0
釜山広域市	71	14	57	77	53	24	30.3	26.6	18.7	17.8	6.6
大邱広域市	70	29	41	78	51	27	17.2	0.7	54.6	10.6	16.8
仁川広域市	48	17	31	82	50	32	85.4	4.7	6.0	0.9	2.8
広州広域市	69	27	42	108	80	28	67.1	13.6	3.9	9.3	6.1
大田広域市	49	17	32	50	28	22	61.6	6.4	4.1	21.0	6.8
蔚山広域市	65	22	43	36	20	16	26.8	49.0	13.4	4.5	6.4
世宗特別自治市	32	15	17	39	30	9	84.3	0.0	7.9	2.2	5.6
京畿道	40	8	32	443	61	382	40.5	1.0	1.5	56.0	0.4
江原道	46	22	24	57	45	12	48.0	24.0	22.7	5.3	0.0
忠清北道	80	30	50	60	42	18	46.5	20.2	25.9	1.3	6.0
忠清南道	74	30	44	99	83	16	31.9	25.7	14.6	18.8	9.0
全羅北道	101	50	51	248	217	31	27.1	11.8	29.9	27.1	4.1
全羅南道	91	23	68	178	49	129	70.0	5.6	12.7	9.4	2.3
慶尚北道	150	64	86	230	190	40	44.7	11.2	21.6	14.9	7.7
慶尚南道	131	46	85	159	118	41	38.9	25.4	3.7	11.7	20.3
済州道	88	28	60	62	39	23	28.1	17.3	41.7	4.7	8.2

出典：韓国関係部署共同，2021，「自治体青年政策施行計画」を基に作成

用[35]」、公共部門でのインターン経験を提供する「ソウル型ニューディール雇用[36]」が挙げられる。そして、現金給付に基づく就労支援としては、最終学歴卒業後2年以内の未就業状態にいる若者に一人約5万円のモバイル地域商品券（百貨店、映画館などでは使用不可）が支給される「未就業青年就業

35　ソウルに居住する19〜39歳の未就業者を対象とし、オンラインコンテンツ・SDGs（ゼロウェイスト）・ソーシャルベンチャーの3つの分野において6〜12ヶ月の勤務ができる。賃金は、ソウル市生活賃金が適用され、月約22万円程度である。
36　18歳以上の未就業者を対象とし、ソウル市または市内の自治区（民間団体も別枠で存在）で選定された事業に最大23ヶ月間勤務することができる。賃金は月最大約23万円。

奨励金[37]」も運営されている。

　次に、京畿道についてである。京畿道の就労・雇用政策は、「就業支援」と「雇用維持」に大きく分けることができる。まず、主要な「就業支援」政策としては、求人難を経験している中小企業と未就業の若者のマッチングを支援する「京畿青年マッチアップ就業支援[38]」、道内大学生を対象に企業が必要とする専門科目・技術訓練・実習を支援する「京畿道型大学生就業ブリッジ[39]」、未就職者の求職活動支援の一環として支給される「面接手当（1回に月約 5 千円、最大 6 回）」、職業系高等学校の在学生を対象にした職務教育・相談・実習・教材費を支援する「高校就職活性化事業」が挙げられる。

　他方、「雇用維持」に関連する主な政策としては、中小企業に勤務する若者を対象に勤労奨励金を支給する「中小企業青年労働者支援事業[40]」、道内で勤務する若者を対象に道が運営するオンラインショッピングモールのポイント（最大約 12 万円相当）を支給する「青年福祉ポイント[41]」が挙げられる。

②福祉

　図表 6-11 のように、韓国の地方政府において「就労」に次いで多くの予算が当てられているのは「福祉，文化」領域である。中でも「福祉」は、若者に向けた現金給付型の支援が主要な政策であると考えられる。ソウル市と京畿道の現金給付型支援は、若者向けの現金手当についても先駆的な事例で

37　ソウルに居住する 19～34 歳の若者を対象とし、一人一度のみ支給される。支給された地域商品券は、自治区内で使用可能。ただし、大型モールや百貨店、映画館、大型塾などは対象外となっている。

38　京畿道居住の 18～39 歳が対象。参加者（年間 75 人）は、選定された 60 の中小企業に 3 ヶ月間インターンとして勤務することができる。その後企業の独自評価に基づいて正規職に転換が可能。賃金は京畿道生活賃金を基準にし、2022 年の場合約 23 万円とされる。

39　道内の大学生または卒業後 1 年未満の若者が対象（年間 250 人）。参加者（大学生年間 250 人）は 6 つの大学と企業が共同運営する専門科目（主に IT 関連の 4 次産業）を 3 ヶ月間無料で履修できる。履修後、関連企業に 3～5 ヶ月間実習の機会も与えられ、月約 20 万円（道と企業が 50％ずつ負担）が支給される。

40　道内居住・週 36 時間以上、また 3 ヶ月以上中小企業に勤務・月給約 29 万円以下の若者（18～34 歳）9,000 人を選抜し、分期別に約 6 万円を 2 年間（最大約 48 万円）支給される。

41　道内居住・週 36 時間以上、また 3 ヶ月以上中小企業、小規模事業者、非営利法人に勤務・月給約 29 万円以下の若者が対象（18～34 歳、年間 3 万人）。支給されるポイントは、京畿道が運営するショッピングモール（「青年モール」）で、生活雑貨や旅行、文化施設関連の商品などが登録されている。

あり、若者政策のみならず、韓国におけるベーシックインカムをめぐる社会的・政策的議論のきっかけとなり、重要な意味を持つ。以下では、労働政策研究・研修機構（2022）を基に、ソウル市と京畿道における「青年基本所得（京畿道）」「青年手当（ソウル市）」について整理する。

京畿道における「青年基本所得」が導入されたのは2019年である。「青年基本所得」は、2018年京畿道知事に就任したイ・ジェミョンが中核的な役割を果たした。イ・ジェミョンは、前職であった京畿道城南市市長の時代、韓国初の若者向け現金手当である「青年配当」の導入（2015年）を進めた実績を持つ。

城南市で導入した「青年配当」を拡大した形で道全体に導入された「青年基本所得」政策は、その対象として「道内3年以上居住」「満24歳」という二つの基準のみを設け、それに該当する若者全員に年間100万ウォン（約10万円）を4期に分け支給するものである。支給方法も城南市の「青年配当」と同様に電子化された地域貨幣の形で行われ、地域内での使用に限定される。また、百貨店や大型スーパーマーケット、遊興施設は使用の対象外となる。

他方、ソウル市も城南市が「青年配当」の導入を発表した翌月、「青年手当」を発表する。若者を対象としたベーシックインカムとしての性格が強かった城南市の「青年配当」と京畿道の「青年基本所得」とは異なり、ソウル市の「青年手当」は若者の就労をより意識したものである。年齢と居住歴の基準を満たした全員に手当を支給した城南市と京畿道とは異なり、ソウル市は年間7千人のみを対象とし、受給資格も19〜34歳、最終学歴卒業または中退後2年以内の者、未就業者、基準中位所得50％〜150％[42]といった条件を設けている。支給額は月50万ウォン（約5万円）であり、最大6ヶ月間支給される。支給方法は専用のチェックカードが使われるが、地域制限は設けていない。ただ、事業目的にそぐわない目的とされる場所（例：酒類販

42　ソウル市の「青年手当」は、所得支援と就労支援を組み合わせたものとして位置付けられる。申請資格を中位所得150％まで定めているのも低所得層支援に限定されない所得支援＋就労支援を図る故であると考えられる。また、既存の低所得層支援政策との重複を避けるため、既存の低所得層支援である「国民基礎生活保障制度」を受けられる中位所得の30％未満の「基礎生活受給者」および50％未満の「次上位階層」は申請対象から除外されている。

売店、貴金属販売店、カジノ、動物病院など）での使用は制限されている。

③住居

　次に、若者の住居に関する政策である。地方政府における住居支援政策の多くは、「賃貸住宅の供給」「特別住宅の供給」「住居費支援」の三つに分けられる。

　第一に、「賃貸住宅の供給」「特別住宅の供給」に関しては国費で運営される公共賃貸住宅事業との連帯によって行われる場合が多い。前節で取り上げた「幸福住宅」事業がその代表である。

　他方、ソウルでは独自に「駅近青年住宅」事業を始め、若者や新婚夫婦を対象とした賃貸住宅の供給を行う。駅圏内の住宅をソウル市が直接貸与し（周辺相場の 30％程度）、または民間事業者を介した形で供給する（周辺相場の 95％程度）。相対的に賃料が安くなるソウル市による直接貸与は、当事業全体の 2 割のみに留まっている[43]。契約は最大 8 年であり、入居可能な住宅と賃貸情報は「駅近青年住宅」専用のウェブサイト[44] で検索が可能である。「駅近青年住宅」は 2019 年から 2022 年まで 15,426 室が提供されている。京畿道でも「京畿幸福住宅（青年等）」事業を展開し、大学生を含む若者または新婚夫婦を対象に道が公共住宅を貸与する。ソウル市と同様、公共交通機関に隣接した地域で展開されている。賃料は周辺相場の 60〜80％程度である。契約は 6 年から 20 年までとなっている[45]。

　次に「住居費支援」である。賃貸住宅に居住する若者に賃料補助を行う政策であり、地方政府の例ではソウル市の「青年賃料支援」が挙げられる。「青年賃料支援」は支援対象としてソウル居住の若者、基準中位所得の150％以下の所得、賃貸保証金約 500 万円以下、賃料約 6 万円以下の賃貸住宅に居住する無住宅者（年間 2 万人）となっている。毎月約 2 万円を最大

43　入居資格は、住宅と自動車を所有しない若者となり、本人と定位家族の所得と資産規模などにより審査される。

44　https://soco.seoul.go.kr/youth/main/main.do

45　応募資格はソウル市の「駅近青年住宅」と類似しているが、大学生・若者・新婚夫婦の区分によって条件が異なる。審査基準はソウル市と同様、本人と定位家族の所得と資産規模などにより審査される。

10 ヶ月間支援し、受給は一回のみとなる。

第 5 節 まとめ

　昨今の韓国社会を生きる若者たちは、これまでのどの世代よりも高学歴化した世代である。それと同時に、学卒後の安定した就業、経済的・空間的自立、婚姻を通じた家族形成など、成人期への「移行」にどの世代よりも困難を経験している世代でもある。

　1990 年代以降、不安定化した若者の雇用環境は、比較的雇用が安定している公務員や大企業への集中と競争の深化につながった。特に大企業を中心とする産業界の採用慣行は、1990 年代をターニングポイントとし大きく変化し、学校を出た若者を大量に採用する慣行は姿を消した。その代わり、若者たちは学校歴に加え、各種資格やインターンや留学の経験など様々「スペック」が求められ、多くの「就職準備者」や「カンガルー族」または若年貧困層が形成されてきている。

　こうした現状に対し、韓国政府は就労支援を基軸とする若者政策を展開してきたが、その効果は限定的だったと言わざるを得ないものであった。一方で、ソウル市や京畿道の地方政府は、それぞれ「青年基本条例」を策定し、中央政府による若者政策より早い時期から「若者手当」とも言うべき現金給付を中心とした包括的な若者政策を展開した。その流れは中央政府の若者政策にも影響を与え、「青年基本法」の制定という法的整備と共に従来の就労支援に限らず、住居支援や現金給付に基づく生活支援も施行されつつある。また、地方政府・中央政府ともに情報提供・支援申請・給付金の支給の各段階において IT 技術を積極的に駆使し効率化を図っている。

　しかし、こうした昨今の韓国における若者政策の展開は、その規模の小ささや運営体制の重複性の側面で既に様々な疑問が寄せられ、実効性の検証については十分な蓄積があるとは言えない[46]。また、文在寅政権期以降、20 代

46　若者政策の効用を検証した研究の蓄積が不十分な中で、現金給付型支援の効果を検証した研究は存在する。ソウル市の「青年手当」が持つ雇用への効果を検証したウン・ソク＆イ・ヘリム（2021）の研究では、「青年手当」の受給が勤労所得と時間当たり賃金に統計的に有意な正の効果

と 30 代の政治的意向にも次第に保守化するなど[47]、若者政策に新和的だった政治体制への反感も強まっているため、拍車がかかり始めた若者政策の行方も危惧される状況となってきている。

　これらの点を踏まえて、韓国における昨今の若者政策の展開は、これまで日本の若者政策において新たな政策領域（例えば住居政策や若者を対象とした現金給付など）、具体的運営・提供方式（IT 技術を駆使した情報・サービスの提供）、またその実効性に至るまで、様々な領域に対して示唆に富む事例であると考えられる。

＜参考文献＞

（ウン・ソク＆イ・ヘリム）은석・이혜림, 2020,「청년수당은 수급자들의 노동시장성과를 증진하였는가」비판사회정책, 71, pp.197-228.
Incruit, 2020,「[보도자료] 신입사원 입사 연령 IMF 대보다 5.8 세 많아졌다.」
（韓国保健社会研究院）한국보건사회연구원, 2020,『제 1 차 청년정책 기본계획 생활・참여분과 과제연구』
（韓国 CXO 研究所）한국 CXO 연구소, 2020,「2019 년 64 大 대기업 집단이 한국 경제에 미치는 영향력 분석」
（韓国国家統計ポータル）국가통계포털（KOSIS）
（韓国国務調整室）국무조정실, 2021,「2021 년 청년정책백서」
（韓国経済研究院）한국경제연구원, 2016,「고학력 청년층 체감실업률 추정과 노동시장개혁의 필요성」.
（韓国産業人力公団）한국산업인력공단, 2016,「한국 인력채용 방식의 특성분석 연구 – 공개채용 제도를 중심으로」
（韓国労働研究院）한국노동연구원, 2012,「기업의 정년실태와 퇴지 관리에 관한 연구」
（韓国労働研究院）한국노동연구원, 2018,「청년층 노동시장 이행 연구」
（韓国労働研究院）한국노동연구원, 2020,「청년층 노동시장정책 심층평가 연구 – 직업능력개발사업」
（韓国統計庁）통계청, 2022,「2021 년 혼인・이혼통계」
（韓国統計庁）통계청,「경제활동인구조사 청년층부가조사」

を与えていると述べている。他方、京畿道の「青年基本所得」の効果について検証を行った京畿研究院（2020）の研究では、週当たり労働時間の増加以外に雇用に関連する効果は確認されていない。また、中央政府による主要就労支援の効果について検証したファン・ジョンウォン＆ギル・ヘジ（2021）の研究によれば、事業ごとに違いはあるものの、中央政府による就労支援が就労の成否については有意な効果を発揮しているが、就労の質的側面での効果は確認されていない。

47　典型的な例としては、2022 年 3 月に行われた第 20 代大統領選挙が挙げられる。当時の与党候補は城南市長と京畿道知事を歴任し、「青年配当」と「青年基本所得」を導入したイ・ジェミョンであったが、当時の保守派野党の候補ユン・ソンニョルに敗北した。特に 20 代男性と 30 代男性はイ・ジェミョンに否定的であった。KBS・MBC・SBS による出口調査の結果、20 代男性で 36.3%（ユン・ソンニョルは 58.7%）、30 代男性で 42.6%（ユン・ソンニョルは 52.8%）の支持率に留まった。

（韓国統計庁）통계청,「경제활동인구조사」

（韓国統計庁）통계청,「사회조사」

（ファン・ジョンウォン&ギル・ヘジ）황정원・길혜지, 2021,「청년고용정책이 대졸 청년층 취업에 미치는 효과 분석」직업능력개발연구, 24 (2), pp.67-94.

（韓国中小企業研究院）중소기업연구원, 2021,「대-중소기업 간 노동시장 격차 변화분석 (1999~2019)」

（キム・テワン&チェ・ジュンヨン）김태완・최준영, 2017,「청년의 빈곤실태」보건복지포럼, 244, pp. 6-19.

（韓国関係部署共同）관계부서합동, 2021,「중앙부처 청년정책 시행계획」

（韓国関係部署共同）관계부서합동, 2021,「지자체 청년정책 시행계획」

（京畿研究院）경기연구원, 2020,「경기도 청년기본소득 정책효과 분석 (Ⅱ) : 사전 및 사후 조사 비교」

（イ・ジョンチャン&イ・ジョング）이종찬・이종국, 2018,「한국 채용제도의 변화과정과 시기별 특징 비교분석 연구 - 스펙중심채용, NCS 기반채용, 블라인드채용을 중심으로」「경영사연구」제 33 집 제 4 호 pp. 129~155.

（イ・ジョング&キムホンユ）이종국・김홍유, 2010「한국 공채문화의 사적 전개과정과 시대별 특성 비교분석에 관한 탐색적 연구 - 80 년대 이후 대기업 공채문화 (채용제도・필기전형・면접 방식・인재상) 중심으로 -」「경영사학」제 25 집 제 2 호 pp.215-248.

（イ・スンヨル）이승렬, 2018,「청년층 대상 노동시장정책의 변천과 평가 : 문헌 연구를 중심으로」월간노동리뷰, 2018 년 3 월호, pp. 23-45

（イ・スンユン 他）이승윤・백승호・김미경・김윤영, 2017,「한국 청년노동시장의 불안정성 분석」비판사회정책, 54, pp. 487-521.

西村憲次, 2022,「韓国における青年基本法」龍谷法学, 54⑷, pp. 569-606.

OECD, 2021,「Labour: Labour market statistics」.

朴在浩, 2022,「日本と韓国における若者政策の変容―なぜ両国の政策は分岐したのか」大原社会問題研究所雑誌, 766, p.52-69.

労働政策研究・研修機構, 2022,「韓国の事例から見る現金給付型の若者支援政策 」『大都市の若者の就業行動と意識の変容 –「第5回 若者のワークスタイル調査」から-』労働政策研究報告書 No.213.

（リュウ・ドンヒ他）류동희・이종국・김홍유, 2012,「한국 대기업의 채용패턴 변천과정과 시대별 특성 비교분석에 관한 연구 - 1980 년대 이후 삼성・현대・LG・SK 중심으로 -」「경영사학」제 27 집 제 4 호 pp. 33~58

（シン・ヨンハン）신용한, 2020,「청년 일자리정책의 효과성에 관한 연구 - 정부 직접일자리 사업의 효과성 분석을 중심으로」성균관대학교 박사학위논문.

（ウ・ソクフン&パク・クォンイル）우석훈・박권일, 2007,『88 만원세대 : 절망의 시대에 쓰는 희망의 경제학』레디앙.

（ヨン・ヘウォン）연혜원, 2022,「능력주의 사회에서 공업고등학교 학생의 성인이행기 전략」경제와 사회, 133, pp.136-186.

索　引

【執筆者略歴 (執筆順)】

堀　有喜衣（ほり　ゆきえ）：序章・第4章

　　労働政策研究・研修機構　副統括研究員　博士（社会科学）

　　近著に、「新規高卒就職をめぐる今後の論点—「一人一社制」批判を超えて」『都市問題』（2022年）、「新型コロナウイルス感染症以降の新規大卒採用・就職」『高等教育研究』第24集（2021年）。教育社会学専攻。

岩脇　千裕（いわわき　ちひろ）：第1章

　　労働政策研究・研修機構　主任研究員

　　近著に、「若者の就労と就労支援」稲垣恭子・岩井八郎・佐藤卓己編著『社会と教育』協同出版（2018年）、「若者が離職する職場の特徴と対策」『試験と研修』第54号（2020年）。教育社会学専攻。

久保　京子（くぼ　きょうこ）：第2章

　　労働政策研究・研修機構　アシスタントフェロー

　　近著に、「自然科学系大学院生の研究時間と満足度に長時間研究文化が及ぼす影響：性差に着目して」『高等教育研究』第24集（2021年）。教育社会学専攻。

小黒　恵（おぐろ　めぐみ）：第3章

　　上智大学　非常勤講師

　　労働政策研究・研修機構　元アシスタントフェロー

　　近著に、『高校生の進路・生活と「教育的カテゴリー」—ゆらぐ高校教育をとらえなおす』（ミネルヴァ書房、近刊、共著）、「専門と仕事の「タイトな関係」と学習活動の効果」矢野眞和編著『高専教育の発見—学歴社会から学習歴社会へ—』（岩波書店、2018年）。教育社会学専攻。

小杉　礼子（こすぎ　れいこ）：第5章

労働政策研究・研修機構　研究顧問　博士（教育学）

著書『若者と初期キャリア―「非典型」からの出発のために』（勁草書房、2010年、第33回労働関係図書優秀賞）、『フリーターという生き方』（勁草書房、2003年）他。

柳　煌碩（りゅう　ふぁんそく）：第6章

日本大学　非常勤講師

労働政策研究・研修機構　元アシスタントフェロー　博士（教育学）

近著に「韓国における入試批判の変化と「定量的選抜」への回帰 ―1990年から2021年までの社説分析を通じて」『東アジア教育研究』第14号（2022）、「現代韓国の公的親教育プログラムにおける子育てモデル ―親教育プログラム参加者へのインタビューを中心に」『比較家族史研究』34巻（2020）。教育社会学専攻。

JILPT 第 4 期プロジェクト研究シリーズ No.5
日本社会の変容と若者のキャリア形成

2022 年 12 月 27 日　第 1 刷発行

著　　者　　堀有喜衣・岩脇千裕・小杉礼子・
　　　　　　久保京子・小黒恵・柳煌碩

編集・発行　　独立行政法人 労働政策研究・研修機構
　　　　　　〒 177-8502　東京都練馬区上石神井 4-8-23
　　　　　　電話　03-5903-6263　　FAX　03-5903-6115

発 行 者　　理事長　樋口美雄

印刷・製本　　株式会社キタジマ